현대 조직의 이해

강 영 걸 저

대 구 대 학 교 출 판 부

강영걸

서울대학교 문리과대학 영어영문학과 졸업

미국 미주리대학교 (University of Missouri-Columbia) 경영학 석사

미국 애리조나대학교 (University of Arizona) 경영학 박사

(전공분야 : 조직행동 및 조직이론 Organizational Behavior and Theory)

현재 대구대학교 사회과학대학 산업복지학교 교수

1판1쇄 | 2009년 2월 20일
1판2쇄 | 2010년 2월 25일
지은이 | 강영걸
펴낸이 | 홍덕률
펴낸곳 | 대구대학교출판부
경북 경산시 진량읍 내리리 15 대구대학교출판부
전화 053) 850-8661~4 | 팩스 053) 850-5669
홈페이지 주소 | http://dubookstore.daegu.ac.kr/
찍은곳 | 동아문화사
ISBN 978-89-7794-503-6-93330
값 11,000원

이 책은 '조직' 또는 '조직행동' 관련 과목을 교양과목으로 듣는 대학 1-2학년 학생을 대상으로 한 책이다. 글쓴이는 대학에서 주로 1학년 학생을 대상으로 '현대 경영조직의 이해'라는 교양과목을 개설해서 가르치고 있는데, 가르칠 때마다 적당한 교재가 없어서 곤란을 겪은 바 있다. 글쓴이가 이전에 출간한 '새조직이론' (2001년 2.월), '현대조직론' (2003년 4월), '조직행동론' (2005년 4월), '조직과 인간행동' (2007년 4월 출간) 등의 책은 사회·경상 계열 학과에서 '조직'이나 '조직행동' 관련 과목을 전공과목으로 듣는 학생이 주독자층이기 때문에, 이 책들은 교양과목의 교재로서는 내용이 어렵다는 단점을 공통적으로 가지고 있다.

매 학기 100명이 넘는 학생을 교재도 없이 가르친다는 것은 매우 힘든 일이어서, 적당한 교재를 찾고 있던 중에, 2008년 대구대학교 언론출판문화원의 도움을 받아 교양과목 교재로 적당한 자그마한 책을 다시 쓰기로 결정하였고, 그 결과물로 나온 것이 이 책이다.

이 책은 글쓴이가 이전에 쓴 글들을 교양과목 교재에 맞도록 수정·보완·보충한 결과물이기 때문에, 이 책을 위해서 글쓴이가 새로 추가한 내용은 별로 없지만, 이전 글 가운데 너무 어려운 부분은 완전히 새로 썼고, 교양과목 내용으로 적당하지 않다고 생각하는 부분은 아예 빼버리는 등의 노력을 하였다.

지난 몇 년 간 한국 교수사회에서 큰 이슈가 된 바 있는 '자기표절'의 문제 때문에, 글쓴이가 이전에 쓴 책에서 그 내용을 옮겨 오는 경우에도, 각 장의 서두나 중간 또는 필요한 곳에 (이전의 책 내용 가운데) 일부 또는 전부를 옮겨 왔음을 자세하게 밝혀 두었다.

이 책은 국내외 여러 이론을 소개하고 있는데, 이론을 소개하면서 다른 사람의 글을 참고하는 경우 출처를 모두 밝혀 두었다. 혹시 다른 사람의 이론이나 글을 참고하고도 출처를 밝히지 않고 함부로 사용했다면 그것은 전혀 고의가 아니라는 점과, 혹시 그것이 문제가 된다면 모든 책임은 글쓴이에게 있음을 밝혀둔다.

앞에서 쓴 대로 이 책은 대구대학교 언론출판문화원의 도움을 받아 나오게 되었다. 이 자리를 빌려 이 책을 출판하도록 허락해준 대구대학교 언론출판문화원 관계자께 감사의 뜻을 표한다.

2009. 1. 31.

강 영 걸

제 1 부 조직 내 개인차원의 변수

제2부 조직 내 집단차원의 변수

제 3부 전체 조직 차원의 변수

1장 현대 조직의 이해

모든 기업은 조직이지만, 모든 조직이 기업은 아니다. 기업 또는 기업조직은 이윤을 추구하는 특수한 형태의 조직이기 때문이다. 학교·종교단체·시민단체·동창회 등도 조직이기는 하지만, 비영리조직이라는 점에서는 이윤을 추구하는 기업조직과는 다르다.

기업·학교·종교단체·시민단체·동창회 등의 공통점은 이들이 '사람의 집합체'인 조직이라는 것인데, 그렇다면 조직이란 무엇이며, 조직과 다른 유형의 '사람의 집합체'에는 어떤 차이가 있는가?

I. 조직과 조직행동[1)]

1. 조직이란 무엇인가?

조직이란 공동의 목표를 추구하기 위해서 모인 두 사람 이상의 집합체이다. 즉, 조직은 사람의 단순한 집합체가 아니고 어떤 목표를 추구하기 위해서 모인 사람의 집합체인 것이다. 그래서 대학교 총학생회나 교수회는 조직이라고 부르지만 프로야구 경기를 보러 모인 관중이나 좌석버스에 타고 있

1) '조직과 조직행동'의 대부분의 내용은 글쓴이가 저술한 '새조직이론' (2001년 2월 출간), '현대조직론' (2003년 4월 출간), '조직행동론' (2005년 4월 출간), '조직과 인간행동' (2007년 4월 출간) 등의 책에 이미 들어 있는데, 이번에 관련 내용을 수정·보완하고, 글도 좀 다듬은 뒤에, 새로 편집하여 이 책의 서론으로 수록하였음을 밝혀둔다.

는 승객들은 조직이라고 부르지 않는다. 운동경기의 관중이나 버스 승객들도 두 명 이상의 집단임에는 틀림이 없으나 그것을 조직이라고 부르지 않는 이유는 관중과 승객 모두가 공통으로 추구하는 목표가 없거나, 있더라고 아주 추상적이거나 약하기 때문이다. 그렇다면 공동의 목표나 목적을 추구하기 위하여 모인 사람의 집합체 모두를 조직이라고 부를 수 있는가? 기말시험을 준비하러 강의실에 모인 학생은 어떨까? 분명히 공동의 목표 추구를 위해 모여 있기는 하지만 그들을 조직이라고 부르지는 않는다.

그렇다면 조직이 되려면 어떤 조건을 갖추어야 할까? 글쓴이는 다음과 같은 다섯 가지 조건을 갖춘 '사람의 집합체'는 조직이라고 부를 수 있다고 생각한다.

첫째, 조직에는 구성원이 있어야 한다. 사람의 집합체인 조직에는 구성원이 있어야 할 것이다.

둘째, 조직은 목표를 추구해야 한다. 사람으로 구성된 다른 집합체와 조직을 구분할 수 있는 두 번째 조건은 구성원 전체가 공동으로 추구하는 구체적인 목표가 있어야 한다는 것이다.

셋째, 잘 짜여진 조직 구조와 구성원 사이의 상호교류가 있어야 한다. 조직에는 규정 · 역할 · 규범 · 리더십 등과 관련된 매우 구체적인 구조가 있어야 하며, 구성원들은 그 구조 속에서 서로 교류하고 영향을 주고받는다.

넷째, 조직은 재화나 서비스를 만들 수 있는 기술을 보유하고 있어야 한다. 생산조직에는 재화를 만드는 유형의 생산기술이, 대학 같은 서비스 조직에는 강의 · 연구 같은 무형의 서비스 기술이 필요하다.

다섯째, 조직과 (주변)환경 사이에는 확실한 경계가 있어야 한다. 조직은 홀로 움직일 수 없으므로 환경과 끊임없이 접촉하고 교류하지만, (주변)환경과 분명하게 다른 모습과 경계선을 가지고 있어야 한다는 것이다.

지금까지 설명한 내용을 종합해 보면 조직이 갖추어야 할 요건은 (1) 구성원, (2) 공동목표, (3)구조와 교류, (4) 기술, (5) 경계선 등 다섯 가지라는 것을 알 수 있다.

앞에서 말한 프로야구 관중과 버스 승객들은 두 명 이상의 집단이니까 첫 번째 조건을 충족시키기는 하지만, 그들에게는 함께 추구하는 목표도 없고, 사람 사이의 교류나 교류의 결과로 나타나는 구조적 특징도 찾아 볼 수 없다. 또 재화나 서비스를 만드는 기술도 가지고 있지 않고, 다른 집단과 구분할 수 있는 특별한 경계도 없기 때문에 이들을 조직이라고 부를 수는 없다.

시험 준비를 위해 모인 학생들도 구성원과 공동목표 추구라는 첫 번째와 두 번째 조건은 충족시키지만, 구조, 기술, 조직경계선 같은 다른 조건을 만족시키지 않기 때문에 이 집단을 조직이라고 부르지 않는다.

이런 집단과는 달리 기업・대학・종교단체・시민단체에서는 '구성원, 공동목표, 기술, 구조와 교류, 경계선' 등의 다섯 가지 요소 모두를 발견할 수가 있기 때문에 조직이라고 부를 수 있는 것이다.

2. 현대 조직의 특징

현대의 조직은 다음과 같은 점에서 과거의 조직과 다르다.

첫째, 훌륭한 조직은 단순한 '집단'이 아닌 '팀' 개념을 강조하고 있다. 팀과 집단의 다른 점에 대해서는 나중에 자세하게 논의하겠지만, '팀'은 구성원 상호 간의 교류를 중시하고 팀 구성원 전체의 목표와 책임을 강조한다는 점에서 개인의 목표와 책임을 강조하는 '집단'과는 다르다. 집단보다 팀을 강조하는 이러한 경향은 바로 아래에서 설명하는 수평적 조직구조와 밀접하게 관련되어 있다. 팀 중심 체제가 자리를 잡으려면 조직구조를 수직적인 것에서 수평적인 것으로 바꾸어야 하기 때문이다.

둘째, 환경변화에 유연하게 대처할 수 있는 수평적 조직구조를 강조하고 있다. 전통적 의미의 수직적 조직은 관료제로 대표되는 경직된 구조를 가지고 있다. 이런 수직적 조직구조 속에서는 구성원이 창의력이나 독창성을 효과적으로 발휘할 수 없고, 유연함을 강조하는 팀 개념도 자리를 잡기 힘들다. 현대 조직 내의 모든 팀은 궁극적으로는 구성원 선발, 목표선택, 성과평가 같은 주요기능을 스스로 수행하는 자체관리 팀(self-managed team 또는 self-directed team)을 지향하고 있다. 이런 팀이 조직 내에서 대표적인 팀으로 자리를 잡으려면 조직은 수직적인 구조에서 수평적인 구조로 변할 수밖에 없다.

셋째, 임파워먼트(empowerment)가 중요하다. 임파워먼트는 관리자가 하급구성원에게 조직이나 팀 운영에 대한 의사결정권을 넘겨주는 것을 의미한다. 즉, 조직의 중상위 관리자가 가지고 있던 결정권 가운데 많은 것이 하급구성원에게 이양된다는 것이다. 그런데 임파워먼트는 앞에서 논의한 팀이나 수평적 조직구조와 서로 밀접하게 관련되어 있다는 사실을 주목해야 할 것이다. 자체관리 팀을 조직 내에서 효율적으로 운영하려면 중상위 관리자가 독점하던 많은 의사결정권을 하급구성원에게 이양해야 하는데, 이러한 형태의 조직과 팀 운영을 통해서 조직구조는 수직적이기보다는 수평적으로 변하게 된다.

넷째, 현대 조직은 학습조직이어야 한다. 학습조직은 외부환경의 도전에 효과적으로 대응하기 위해서 학습·적응·변화 능력을 강조한다. 따라서 불안정한 환경 속에서 조직이 경쟁력을 가지고 살아남으려면 학습조직이 되어야 할 것이다. 학습을 강조하는 조직은 빠르게 변하는 환경에 처해 있는 경우가 많은데, 지속적인 적응과 변화를 하려면 학습을 통해 외부환경의 요구에 적절하게 대응해야 하기 때문이다. 따라서 학습조직의 구조는 빠른 외부변화에 유연하게 대처할 수 있도록 수평적이어야 하고, 구성원은 유연성을 강조하는 팀에 소속되어야 하며, 각 구성원은 지속적인 학습을 통해서 상부로부터 더 많은 결정권을 넘겨받을 준비가 되어 있어야 할 것이다. 이런 점에서 학습조직은 앞에서 설명한 현대 조직의 세 가지 특징과도 밀접하게 관계되어 있다는 것을 알 수 있다.

다섯째, 현대 조직은 상향평가와 다면평가를 강조하고 있다. 전통적 조직이 상사 혼자서 많은 구성원을 평가하고 피드백을 제공하는 하향식 평가를 활용한다면, 현대 조직은 부하가 상사를 평가하는 상향식 평가와 상사·동료·부하·고객 등 모든 사람들이 평가를 하는 다면평가 또는 360도 평가를 활용하고 있다. 이러한 현상은 앞에서 서술한 팀, 수평 조직, 임파워먼트, 학습조직 같은 현대 조직의 다른 특징과도 밀접한 관계가 있다. 즉 임파워먼트는 부하에게 더 많은 결정권을 주는 것이므로 당연히 부하에게 상사를 평가를 할 권리도 주어야 하고, 수평적 관계를 강조하는 팀 중심의 현대 조직에서는 부하가 상사를 평가하는 경우도 분명히 있어야 하기 때문이다.

마지막으로는 첨단 정보통신기술(IT)의 발전이 새로운 형태의 조직과 집단을 만들어내고 있다는 점이다. 정보통신 기술의 발전에 따라 새로운 형태의 조직이나 집단이 등장하고 있다는 것인데, 버츄얼 팀(virtual team)과 네트웍(network) 조직이 좋은 예가 될 것이다. 버츄얼 팀은 지리적으로 떨어져 있는 사람들을 컴퓨터나 화상대화로 연결해서 하나의 팀으로 만든 것이고, 네트웍 조직은 전세계에 생산과 조립을 전문으로 하는 회사를 만들고 그것들을 정보통신 네트웍 기술로 연결하여 관리하고 통제하는 조직이다. 이러한 유형의 팀이나 조직은 정보통신 기술의 발전 없이는 불가능했을 것이다. 또한 정보통신 기술의 발전은 직무설계 분야에도 새로운 사고가 필요하다는 사실을 보여주고 있다. 예를 들면 정보통신 기술의 발전을 통해서 재택근무나 출퇴근시간 조정 근무(flextime)가 가능해졌는데, 이런 형태의 근무방법이 일반화되면 직무설계는 물론 궁극적으로는 조직설계에 대한 혁신적인 사고가 필요하게 될 것이다. 따라서 정보통신 기술의 발전은 미래의 조직형태에 상당한 영향을 미칠 것이 틀림없다.

3. 조직행동이란 무엇인가?

글쓴이는 조직행동적 관점에서 조직의 특징을 설명할 것이기 때문에, 조직행동에 대한 이해도 필요하다. 문자 그대로 해석하자면 조직행동(organizational behavior)에 대해서는 두 가지 해석이 가능하다. '조직의 행동'이라고 해석할 수도 있고, '조직구성원의 행동'이라고도 해석할 수 있다는 것이다. 조직행동을 첫 번째와 같이 '조직의 행동'이라고 해석하게 되면 그것은 거시조직이론의 영역이 되고, 두 번째와 같이 '조직구성원의 행동'이라고 하면 미시조직이론의 영역이 된다. 그렇지만 일반적으로 조직행동이란 '조직구성원의 행동'을 의미하기 때문에 조직을 조직행동적으로 접근한다는 것은 조직을 구성하고 있는 조직 내 인간행동을 중점적으로 분석한다는 뜻이 된다. 조직을 조직행동적으로 접근한다는 말은 조직을 미시적인 관점에서 접근한다는 말이 되기 때문에, 이 책이 주로 다루는 내용도 퍼스낼리티 · 가치 · 지각 · 귀인 · 태도 · 동기부여 등 조직 내 인간의 행동을 설명할 수 있는 변수들이 될 것이다.

국내외 학문분류에 따르면 경영학과 행정학 쪽에서는 미시조직이론을 조직행동론 또는 조직행위론이라고 부르고, 심리학 쪽에서는 조직심리학 또는 응용심리학의 주요 부분으로 포함시키고 있으며, 사회학 쪽에서는 조직사회학이 그 일부를 다루고 있다. 따라서 미시조직이론과 조직행위론 그리고 조직심리학 · 응용심리학과 조직사회학에서 다루는 미시적 영역은 본질적으로는 조직 내 인간행동이라는 같은 주제를 다루고 있다는 사실을 알 수 있다.

조직행동론은 조직 내 인간행동을 경영학적인 입장에서 접근하고 있기 때문에 본질적으로 상당히 응용적인 분야이고, 독립 교과목으로 발전하는 과정에서 사회학 · 심리학 · 사회심리학 · 정치학 · 문화인류학 등의 도움을 받았기 때문에 학제간 (學際間 interdisciplinary) 성격이 강하다. 이 책에 수록된 내용을 중심으로 말하자면 조직사회학은 조직구조와 설계 분야, 사회심리학은 집단역학과 관련된 분야, 정치학은 권력과 정치 행동 분야, 문화인류학은 가치 · 문화 · 조직문화 등과 관련 분야에 이론적 배경을 제공했으며, 조직행동론에 가장 광범위한 영향을 미친 심리학은 지각 · 태도 · 동기부여 · 의사결정 · 갈등 등 많은 분야에 이론적 배경을 제공하고 있다.

II. 책의 구성

앞에서 말한 대로 글쓴이는 조직에서 일하고 있는 구성원의 행동을 조직행동론의 관점에서 설명하기 위한 목적으로 이 책을 썼다.

<그림 1>에서 볼 수 있듯이 조직 내 인간행동은 개인차원, 집단차원, 조직차원에 내재하고 있는 많은 변수의 영향을 받기 때문에 글쓴이는 개인, 집단, 조직 모두를 아우르는 여러 주제를 망라할 수 있도록 이 책을 구성하였다.

제1장은 이 책의 서론과 같은 역할을 하는데 조직과 조직행동은 무엇이며, 현대 조직의 특징은 무엇인가를 조직행동의 관점에서 설명하고 있다.

이 책의 제1부는 조직행동에 영향을 미치는 개인차원의 변수인 퍼스낼리티 · 가치 · 지각 · 귀인 · 태도 · 동기부여 · 성과평가 · 보상 등의 문제를 다루고, 제2부는 집단차원에서 영향을 미치는 집단 · 팀 · 커뮤니케이션 · 의사결정 · 권력 · 갈등 · 리더십과 관련된 여러 이론을 설명하고 있으며, 마지막 제3부는 조직전체 차원에서 인간행동에 큰 영향을 미치는 조직구조 · 조직설계 · 조직문화 · 조직변화 등의 문제를 다루고 있다,

개인차원의 이론과 변수를 다루는 제1부는 모두 4장으로 구성되어 있는데, 제2장에서는 조직구성원의 개인차를 설명할 수 있는 퍼스낼리티 · 가치 · 지각 · 귀인 등에 대해서 논의하고, 이어서 제3장에서는 태도의 형성과 변화에 대해서 설명하며, 제4장에서는 조직내 인간행동에 가장 큰 영향을 미치는 변수인 동기부여의 이론과 실제를 내용이론과 과정이론, 목표설정이론과 강화이론 그리고 직무설계를 중심으로 토의한다. 제1부의 마지막 장인 제5장은 동기부여와 행동의 결과물이 개인과 집단을 성과를 어떻게 평가하고 보상할 것인가와 관련된 성과평가와 보상 문제를 다루고 있다.

모두 4장으로 구성되어 있는 제2부는 집단차원에서 설명할 수밖에 없는 집단역학 · 커뮤니케이션 · 의사결정 · 권력 · 갈등 · 리더십의 문제를 다루고 있다. 제6장은 조직내부 집단이나 팀의 특징과 집단역학에 대해서 논의하고, 제7장은 집단으로 행동할 때 항상 문제가 되는 커뮤니케이션과 의사결

정 문제를 중점적으로 설명하며, 제8장은 사람의 집합체인 조직에서 항상 문제가 되는 권력과 갈등의 문제를 다루게 된다. 마지막 제9장에서는 집단을 누가, 어떻게 '리드'할 것인가와 관련된 리더십 이론을 특질론, 행태론, 상황론 등의 관점에서 토의하고 있다.

이 책의 후반부인 제3부는 조직전체 차원에서 고려해야 할 변수인 조직구조와 설계, 조직문화, 조직변화 등의 문제를 각각의 장으로 나누어 다루고 있다. 제10장에서는 조직의 뼈대가 되는 조직구조는 무엇으로 구성되며, 조직구조를 설계할 때 고려해야 할 것은 무엇인가를 중점적으로 논의하고, 제11장은 구성원의 행동에 막강한 영향을 미치는 조직문화의 기능과 결정요인 등에 대해서 다루며, 마지막 제 12장에서는 조직변화와 관련된 제반 문제와 최근에 그 중요성이 강조되고 있는 학습조직과 조직학습 문제를 조직변화의 관점에서 토의하고 있다.

<그림 1> 조직행동에 영향을 미치는 변수

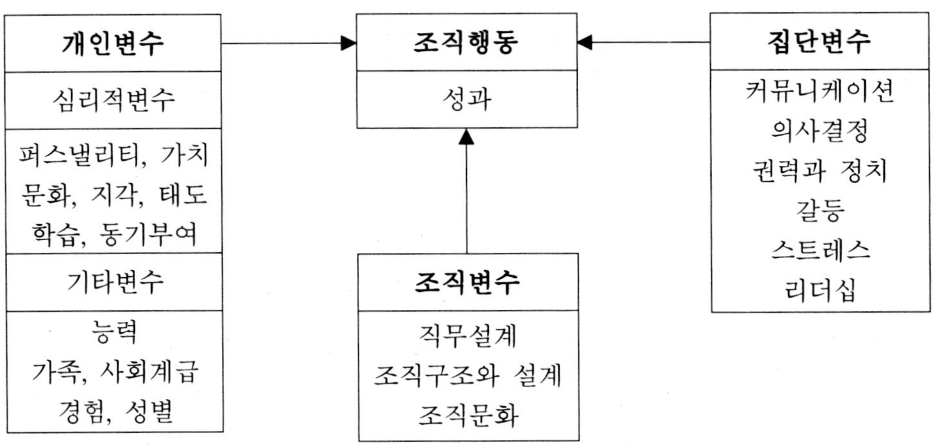

제 1 부

조직 내 개인차원의 변수

2장 퍼스낼리티 · 가치 · 지각 · 귀인[2)]

조직은 사람으로 구성되어 있다. 그러므로 조직을 이해하려면 그것을 구성하고 있는 사람인 조직구성원의 행동을 이해해야 한다. 흔히 '조직행동'이라고 부르는 조직구성원의 행동은 수많은 변수의 영향을 받는데, <그림 1>에서 이미 본 것처럼 조직행동에 영향을 미치는 변수에는 구성원 개인차원의 변수, 구성원이 속한 집단차원의 변수, 조직전체의 특성을 반영하는 조직차원의 변수가 있다.

이 장에서는 구성원 개인차원의 변수 가운데 개인행동에 중대한 영향을 미치는 몇몇 핵심변수에 대해서 논의하고자 한다.

Ⅰ. 퍼스낼리티

조직구성원의 행동에 영향을 미치는 개인차원의 변수 가운데 맨 처음 논의할 것은 퍼스낼리티이다. 많은 학자들이 퍼스낼리티에 대해서 복잡하게 정의하고 있지만, 글쓴이가 보기에, 가장 간단하면서 핵심을 지적하고 있는 정의에 따르면 퍼스낼리티는 "어떤 사람을 다른 사람과 구분할 수 있게 하는 심리적 특성 또는 특질이 모인 상대적으로 안정된 집합체"라고 할 수 있다 (Moorhead & Griffin, 1995:86). 이 정의를 통해서 퍼스낼리티는 심리적

2) 이 장은 글쓴이의 '새조직이론' (2001년 2월 출간) 제2장과 제3장, '현대조직론' (2003년 4월 출간) 제2장과 제3장, '조직행동론' (2005년 4월 출간) 제2장과 제3장, 글쓴이와 박노율이 공동 저술한 '조직과 인간행동' (2007년 4웕 출간) 제2장에 있는 '퍼스낼리티 · 가치 · 지각 · 귀인'에 대한 내용을 대폭 수정한 뒤, 글쓴이가 새롭게 편집하였다.

특성이나 특질이 모여 있는 집합체이므로 측정이 쉽지 않고, 대체로 안정적이어서 쉽게 변하지 않을 것이라는 사실을 알 수 있다.

조직구성원의 퍼스낼리티는 조직에 들어오기 이전에 이미 형성되어 있어서, 퍼스낼리티를 바꿀 수 있는 방법이 별로 없다. 따라서 조직의 관리자는 퍼스낼리티를 바꾸려는 노력보다 조직행동에 영향을 미치는 퍼스낼리티 특성(trait 또는 attribute)을 잘 이해해야 할 필요가 있다. 사람이 조직에서 하는 일은 퍼스낼리티의 발전 또는 변화와 관계없는 방식으로 구성되어 있는 경우가 많으며, 사람이 조직에게 기대하는 것과 조직이 사람에게 요구하는 것 사이에는 상당한 괴리가 있기 때문이다 (Steers and Black, 1994:40). 따라서 조직은 퍼스낼리티 변화보다는 조직 특성과 구성원 퍼스낼리티가 충돌하지 않고 조화를 이룰 수 있는 방안을 모색하는데 더 많은 관심을 기울여야 할 것이다.

II. 가치

많은 사람이 가치라는 말을 쓰기는 하지만 가치에 대한 정의를 내리기는 쉽지 않다. 가치에 대한 정의에는 여러 가지가 있겠지만, 이 책에서는 가치를 "서로 대립하는 개념·행동양식·실체가 존재하고 있을 때 (어떤 행동 형식이나 실체가 존재하고 그것과 정반대 되는 또 다른 행동 형식이나 실체가 존재할 때) 그 가운데 어떤 것이 다른 것보다, 개인적으로나 사회적으로, 더 좋다고 생각하는 기본적인 확신"이라고 정의하기로 한다(Robbins, 1998:132).

가치는 지각이나 태도 같은 다른 개인적 특성과 비교해 볼 때 상대적으로 그리고 대체로 안정적이며 항구적이다. 이 말은 가치가 시간이 지나도 유지되기 쉽다는 뜻인데, 가치가 안정적으로 유지되는 이유는 가치의 형성 방식 때문이라고 할 수 있다 (Robbins, 1998:134; Steer & Black, 1994:44). 사람이 처음으로 가치에 대해서 눈뜨게 되는 시점은 주로 어릴 때라고 할 수 있는데, 이때 어른들은 "상황에 따라서 좋을 수도 있고 나쁠 수도 있다"고 가르치지 않고, "이런 행동은 항상 좋고, 저런 행동은 항상 나쁘다"는 식으로 가르치기 쉽다. 따라서 어릴 때 학습을 통해서 배우는 가치는 상황에 따라 가변적이지 않고 명백하기 때문에 우리의 신념체계에 굳건히 자리 잡게 된다. 그러나 가치가 안정적이고 항구적이라고 해서, 시간이 지나도 전혀 변하지 않는다는 뜻은 아니고, 지각이나 태도 같은 다른 특성에 비하여 안정적이라는 뜻이라는 점을 기억할 필요가 있다.

1. 가치의 기능

가치는 태도 · 행동 · 동기부여 · 갈등 과정 등에 영향을 미칠 수 있으며, 그것이 바로 가치의 기능이 될 수 있다 (Steers & Black, 1994:45-48).

1) 태도와 행동에 미치는 영향

가치는 적절한 행동이 무엇인지 알려주는 기준이 될 수 있다. 가치에는 필연적으로 "좋다, 나쁘다, 중요하다, 중요하지 않다" 등의 판단개념이 내포되어 있기 때문에 가치는 옳은 것과 그른 것에 대한 기준을 제공해서 태도 형성과 변화 과정에 영향을 미치기도 하고, 사람의 행동이 윤리적인지 아니지를 판단하는 기준이 되기도 한다.

2) 동기부여에 미치는 영향

가치는 보상과 동기부여에도 영향을 미친다. 회사에서 잔업을 해야 하는 경우, 구성원이 시간과 돈에 부여하는 가치가 잔업에 대한 우리의 동기부여에 영향을 미칠 수 있다. 시간보다 돈을 더 가치 있다고 생각하는 사람은 돈 버는 재미 때문에 잔업을 즐겁게 받아들이면서 열심히 할 것이다. 그러나 돈보다 개인시간이 더 가치 있다고 생각하는 사람은 정반대의 이유로 잔업을 하려 하지 않을 것이고, 어쩔 수 없이 하는 경우가 있더라도 열심히 하지는 않을 것이다. 이와 같이 가치는 동기부여에도 영향을 미칠 수 있다.

3) 의사결정과 갈등관리

사람은 조직구성원으로서 결정을 내리고, 갈등에 휩싸이기도 하는데, 가치는 의사결정과 갈등관리 과정에서 매우 중요한 역할을 한다. 예를 들어서 환경보호의 중요성을 알고 있는 CEO는 자신의 기업이 환경을 오염시킬 수도 있는 사업을 시작할 때 심사숙고하게 될 것이고, 노사평화나 노동자 인권문제 등에 대한 CEO의 가치관은 노사분규 같은 갈등상황에서 갈등을 관리방식에 큰 영향을 미칠 수 있다.

III. 지각 (知覺 perception)

지각은 사람이 주변환경에서 자극이나 정보를 받아들여 그 뜻을 해석하고, 의미를 부여하는 일련의 과정이다. 바꾸어 말하자면, 사람·사물·현상과 같은 주변의 여러 모습에 의미를 부여하는 과정이 지각이라는 것이다.

조직구성원이 조직과 사람들을 어떻게 지각하는가에 따라 조직·상사·동료·부하·내부집단에 대한 그 사람의 반응과 행동은 매우 달라지기 때문에 조직구성원의 지각은 행동에 큰 영향을 미칠 수 있다.

지각행위에서 가장 중요한 역할을 하는 사람은 지각자(知覺者) 자신이다. 주변환경이 보내오는 수많은 자극 가운데서 일부를 선택·구성·해석하서 의미를 부여하는 사람이 바로 자기 자신—지각자—이기 때문이다. 이와 같이 지각자가 누구인가에 따라 똑같은 자극도 전혀 다른 모습으로 구성되고 해석될 수 있다. 이런 점에서 지각행위는 화가가 그림을 그리는 행위와 매우 비슷하다. 여러 명의 화가가 똑 같은 사람·사물·풍경을 보더라도, 각각의 화가가 그리는 그림은 서로 전혀 다르기 때문이다.

1. 지각과정

지각과정은 <그림 2>에서 보듯이 주의 · 구성 · 해석의 세 단계로 구성되어 있다(Northcraft & Neale, 1990: 89).

<그림 2> 지각과정

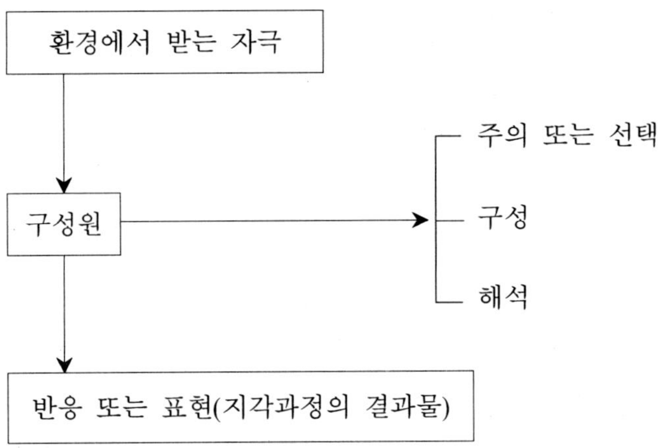

1) 주의(attention) 또는 선택(selection)

우리는 주변환경에서 수많은 자극 또는 정보를 받는다. 그러나 이들 자극과 정보 모두가 우리의 지각과정에 들어오는 것은 아니다. 지각과정에 들어와서 구성되고 해석될 수 있는 자극은 극히 일부분에 불과하다. 그렇다면 어떤 자극이 우리의 지각과정에 들어오게 되는가? 그것은 바로 우리가 주의하고 선택한 자극이라고 할 수 있다. 그래서 지각과정의 첫 단계는 수많은 자극 가운데 어떤 것이 우리의 지각과정에 들어오게 되는가와 관련되어 있는 주의 또는 선택 단계라고 할 수 있다.

2) 구성(construction)

주의 · 선택 단계를 거쳐 지각과정에 들어온 수많은 자극은 유사한 자극을 묶어서 패턴화하는 구성 단계로 넘어가는데, 구성단계는 사람이 자극을 쉽게 파악하여 그것에 의미를 부여할 수 있도록 자극을 유형화하는 단계라고 할 수 있다.

3) 해석(interpretation)

유사한 자극을 패턴화하고 유형화하는 구성단계를 거친 뒤, 지각의 마지막 단계인 해석 단계에서 자극에 정확한 의미를 부여할 수 있게 된다.

2. 지각 오류(perceptual error)

주의(선택)·구성·해석의 세 단계로 구성되어 있는 지각과정에는 수많은 오류와 편향(bias)이 작용하기 때문에 사람이 주변의 자극과 정보를 묶어서 올바르게 파악하고 이해하는 데 큰 문제가 생긴다.

1) 선택적 지각(selective perception)과 지각적 방어(perceptual defense)

선택적 지각은 지각자 자신이 듣고 싶거나 알고 싶은 정보와 자극만 선택하여 지각할 때 발생하는 오류이다. 지각자가 특정한 자극과 정보만 주의하고 선택하는 것은 올바른 구성과 해석을 방해하기 때문에 지각과정에 오류가 발생하게 된다.

지각적 방어는 싫거나 불쾌한 자극과 정보를 지각하지 않으려고 할 때 발생한다. 선택적 지각이 자신에게 유리하거나 필요한 자극이나 정보만 골라서 지각하는 현상이라면, 지각적 방어는 불쾌하거나 싫은 자극과 정보를 아예 선택(주의)하지 않기 때문에 생기는 현상이라고 할 수 있다.

2) 고정관념(stereotyping)

고정관념은 어떤 사람이 가지고 있는 특징을 그가 속해 있는 집단 전체의 특징으로 믿을 때 형성된다. 특정지역 출신의 어떤 사람이 보이는 개인적 특징을 그 지역 출신 모든 사람의 특징으로 일반화하는 '지역감정'은 대표적인 고정관념이다.

3) 후광(後光)효과 또는 현혹(眩惑)효과(halo effect)

후광효과 또는 현혹효과는 어떤 사람의 한 면만 가지고 그 사람의 전체를 평가하는 오류를 말한다. 서울대학교를 나온 사람은 모든 것을 잘 할 것이라고 생각하는 사람이 많다. 공부 를 잘 한다고 해서 다른 것도 다 잘 할 수는 없다는 것을 알면서도 그렇게 생각하는 사람이 많은 것은 서울대학교라는 '학벌'이 후광을 만들어서 서울대학교 출신을 올바르게 지각하지 못하게 만들기 때문이다.

4) 투사(投射 projection)

투사는 자신의 입장에서 사람과 사물을 바라보고 해석할 때 발생한다. 다른 사람을 자신의 입장에서 바라보고 자신의 구미에 맞게 해석한다는 점에서 투사는 선택적 지각과도 밀접한 관계가 있는데, 우리는 다른 사람의 행동 가운데 자신의 입장과 유사한 것만 선택적으로 지각하여 자신의 입장을 강화하는 경향이 있기 때문이다.

5) 자기실현의 예언(self-fulfilling prophecy) 또는 기대(expectancy)

어떤 사람이 어떤 행동을 할 것으로 기대하면, 그 사람은 결국 우리가 기대한 대로 행동하는 현상을 자기실현의 예언 또는 기대라고 부른다. 우리가 어떤 사람이 어떤 행동을 할 것으로 기대하면서 바라본다는 것은 우리가 그 사람을 '있는 그대로' 지각하는 것이 아니라 '이렇게 되면 좋겠다'는 방식으로 지각하는 셈이 되기 때문에 지각적 오류가 되는 것이다.

Ⅳ. 귀인 (歸因 attribution) 또는 원인의 귀속 (歸屬)

귀인은 '원인 찾기' 또는 '원인 탓하기' 등의 의미를 가지고 있다. 따라서 귀인은 자신이나 다른 사람이 하는 행동의 원인을 '지각'하는 과정이며, 어떤 행동이나 결과의 원인을 '이해'하는 과정이기 때문에 귀인과정 또한 지각과정이다.

1) 내부귀인과 외부귀인

귀인에는 내부귀인과 외부귀인이 있다. 내부귀인은 어떤 행동의 원인을 행위자 내부 성향 탓으로, 외부귀인은 원인을 행위자 외부 상황 탓으로 돌리는 개념이기 때문에 내부귀인을 성향귀인(dispositional attribution), 외부귀인을 상황귀인(situational attribution)이라고 부르기도 한다.

2) 공변(共變 covariation) 원리와 할인원리(discount principle)

(1) 공변원리

공변원리에 따르면 원인과 결과는 항상 같이 변하기 때문에—공변(共變)하기 때문에—원인이 있으면 결과가 있고, 원인이 없으면 결과도 없다고 한다. 즉 사람은 어떤 원인 때문에 행동하고, 사람의 행동이라는 결과는 어떤 원인 때문에 발생한다는 것이다.

공변원리에 따르면 사람은 특이성(distinctiveness), 일관성(consistency), 합의(合意 consensus)라는 세 가지 정보를 활용하여 행동 원인을 귀인한다고 한다 (Kelley, 1967).

특이성이란 사람이 다른 상황에서도 같은 방식으로 행동하는 정도를 뜻한다. 만일 어떤 행동이 그 상황에서만 나타나는 독특한 것이라면 특이하다고 할 수 있다.

일관성은 비슷한 상황에서 항상 같은 방식으로 행동하는 정도를 뜻한다. 비슷한 상황에서 항상 같은 방식으로 행동한다면 일관성이 있다고 할 수 있다.

합의란 비슷한 상황에서 다른 사람도 우리와 같은 방식으로 행동하는 정도를 뜻한다. 다른 사람도 우리와 같은 방식으로 행동한다면 합의 정도는 높다고 할 수 있다.

(2) 할인원리

사람이 하는 행동에는 한 가지 원인만 있는 것이 아니라 몇 가지 원인이 있을 수도 있는데, 이 경우 할인원리라는 또 다른 중요한 원리가 작동하기도 한다. 할인원리에 따르면 어떤 행동이나 결과에 몇 가지 다른 원인이 있다면, (우리가 관심이 있는) 어떤 특정한 원인의 역할이 할인된다. 즉, 어떤 행동이나 결과의 원인으로 추정되는 것이 둘 이상이라면 그 행동이나 결과를 한 원인에 귀속시킬 가능성이 적어지므로, 그 행동이나 결과가 (우리가 관심이 있는) 바로 그 원인 탓이라고 쉽게 판단(귀인)할 수 없다는 것이다.

3) 귀인 오류 : 근본귀인오류

귀인과정에서 문제가 되는 것은 원인을 잘못 파악하기 쉽다는 것이다. 우리가 귀인과정에서 흔히 범하기 쉬운 오류와 편향에는 여러 가지가 있지만 대표적인 것으로는 다른 사람의 하는 행동의 원인을 그 사람의 내부성향에 과도하게 귀인하는 근본귀인오류(fundamental attribution error)가 있다 (Ross, 1977).

다른 사람의 행동을 능력이나 동기부여 같은 내부성향 탓으로 쉽게 귀인하는 경향을 지칭하는 근본귀인오류는 다음과 같은 두 가지 이유 때문에 생기는 것으로 알려져 있다. 첫째, 우리는 다른 사람의 행동을 겉으로 드러나는 것만을 바탕으로 귀인하기 때문에 행동 뒤에 가려져서 잘 드러나지 않는 상황변수는 잘 보지 못하기 때문이며, 둘째, 설사 우리가 다른 사람이 처해 있는 상황을 안다고 하더라도, 그 상황을 우리 입장에서 이해하기 때문에 상황의 심각함을 이해하지 못하는 경우가 많기 때문이다 (이훈구, 1998: 47).

3장 태도와 태도변화[3)]

조직구성원의 행동에 영향을 미치는 또 다른 개인차원의 변수로 태도가 있다. 태도는 우리가 어떤 대상—사람·사물·사건—에게 보이는 호의적이거나 비호의적인 평가적 반응이다. 그러므로 태도는 어떤 대상에 대한 사람의 믿음과 느낌이 반영된 복합체이며, 느낌이 표현되는 메커니즘이기도 하다. 자신이 하는 일에 얼마나 만족하는가를 나타내는 직무만족은 직무에 대한 개인의 평가적 반응을 담고 있다는 점에서 태도라고 할 수 있다. 어떤 점에서 태도는 사람이 어떤 대상에 대하여 '좋다, 싫다, 만족한다, 불만이다'와 같은 호의적 또는 비호의적 반응을 표현하는 수단이라고도 할 수 있을 것이다.

I. 태도 형성에 대한 이론과 태도와 행동 사이의 관계

1. 태도 형성에 대한 이론

태도형성에 대한 이론적 관점은 크게 보아서 네 가지가 있다. 첫 번째는 성향적 접근법으로서 태도를 일종의 선유성향(先有性向 predisposition)으로 보고 있고, 두 번째는 사회정보의 중요성을 강조하는 상황적 접근법이며,

---

3) 이 장은 글쓴이의 '새조직이론' (2001년 2월 출간) 제4장, '현대조직론' (2003년 4월 출간) 제2장, '조직행동론' (2005년 4월 출간) 제4장, '사회심리의 이해'(2008년 9월 출간) 제4장, 글쓴이와 박노율이 공동 저술한 '조직과 인간행동' (2007년 4웕 출간) 제3장에 있는 '태도와 태도변화''에 대한 내용을 대폭 수정한 뒤, 글쓴이가 새롭게 편집하였다.

세 번째 접근법은 일관성을 유지하려는 인간의 본성을 강조하고 있고, 네 번째는 태도형성에 있어서 학습의 중요성을 강조하고 있다.

1) 성향적(dispositional) 접근법

이 접근법에 따르면 태도는 어떤 대상에 대한 비교적 안정적인 선유성향(先有性向 predisposition)이다. 따라서 이 관점에서 보면 태도는 거의 퍼스낼리티와 비슷한 특징을 가지고 있다고 하겠다 (Kimble, 1990; Saal & Knight, 1988; Staw & Ross, 1994:469-480).

전통적인 성향적 접근법에 따르면 태도는 정의(情誼 affect) 또는 감정, 인지(cognition), 의도(intention)의 세 가지 요소로 구성되어 있다고 한다. 정의는 감정적(emotional) 요소이고, 인지는 개인의 지식 · 의견 · 신념 · 지각과 관련된 요소이며, 의도는 의도한 행동(intended behavior)이라고도 하는데 행동하려는 의도와 관련된 요소이다. 따라서 이 접근법에 따르면 태도에는 마음으로 느끼는 것(feeling), 머리로 알고 있는 것(knowledge), 행동하려는 의도(intention)가 복합적으로 섞여 있다고 한다.

2) 상황적 접근법

이 접근법은 상황이 태도를 결정하기 때문에 상황이 변하면 태도도 변할 수 있다고 본다. 태도의 가변성을 인정한다는 점에서 이 접근법은 태도의 안정성을 강조하는 성향적 접근법과 비교가 된다.

조직구성원의 태도형성에 영향을 미치는 상황적 특징에는 여러 가지가 있겠지만, 가장 중요한 것은 조직 내 정보를 뜻하는 사회정보(social information)이다. 즉, 구성원의 조직에 대한 태도는 조직 내에서 그 사람이 어떤 정보를, 어떻게 받아들이고 처리하는가에 따라 다르게 형성된다는 것이다. 그래서 상황적 접근법을 사회정보처리(social-information processing) 접근법이라고 부르기도 한다. 사회정보처리 접근법에 따르면 태도는 개인이 지각하고 있는 '사회적으로 만들어진 실체(socially constructed realities)'에서 나오는 것이며, 개인이 처해 있는 사회적 맥락에서 나오는 정보가 상황에 대한 개인의 지각에 영향을 미치고, 나아가서는 정보가 태도형성에 영향을 미친다는 것이다 (Salancik & Pfeffer, 1977).

3) 일관성 원리에 따른 태도형성

사람은 일관성을 유지하려는 본능적인 동기를 가지고 있는데, 일관성을 유지하려는 동기는 태도형성과 밀접한 관계가 있다. 행동과 태도 사이의 불일치나 생각과 행동 사이의 불일치 때문에 내적인 일관성이 깨지게 되면, 사람은 불편함과 불쾌감을 느끼게 된다. 일관성 원리를 강조하는 접근법은 불편함과 불쾌감을 줄이려고 노력하는 과정에서 새로운 태도가 형성된다고 본다 (한규석, 1995:168-171; 정철수, 1997: 99-96).

4) 학습을 통한 태도형성

태도는 듣고, 보고, 배우는 학습을 통해서도 형성될 수 있다. 학습에는 고전적 학습, 작동적 학습, 사회적 학습 등 여러 유형이 있는데 이런 모든 유형의 학습이 태도형성에 영향을 미친다. .

2. 태도와 행동 사이의 관계

많은 사람이 태도에 특별한 관심을 가지는 이유는 태도가 행동 또는 행동의 결과인 성과에 영향을 미친다고 보기 때문일 것이다. 그렇다면 태도는 정말로 행동에 영향을 미치는가? 다음에 설명할 직무만족에 대한 논의에서 구체적으로 언급하겠지만, 이 질문에 '그렇다'고 대답하는 것은 사실을 좀 과장하는 것이다. 태도가 행동에 직접적인 영향을 미치려면 아래와 같은 몇 가지 조건이 필요하기 때문이다 (이훈구, 1998: 101-104; 한규석, 1995: 176-178).

1) 구체적인 태도

일반적(general)이지 않고 구체적(specific)인 태도는 행동과 잘 부합하기(relevant) 때문에 행동에 영향을 미치기 쉽다. 태도와 행동이 경험적으로나 논리적으로 서로 잘 얽혀 있을 때 그 태도는 매우 구체적이 되고, 이 구체적인 태도는 행동과 바로 연결되기 쉽다.

2) 강한 태도

약한 태도에 비해서 강한 태도는 행동에 영향을 미치기 쉽다. 태도가 행동에 영향을 미치려면 태도가 강해야 한다는 것인데, 태도의 강도는 대상에 대한 지식, 경험, 이해관계의 영향을 받는다.

앞에서 설명한 태도의 구체성은 태도의 강도와 깊이 관련되어 있다는 점을 주목해야 한다. 구체적인 태도는 강한 태도이고, 강한 태도는 더 구체적인 태도가 될 가능성이 있기 때문이다.

3) 쉽게 드러나는 태도

밖으로 쉽게 드러나는 태도는 다른 사람들이 우리의 태도를 알아차리기 쉽기 때문에 행동과 바로 연결될 가능성이 크다. 다른 사람이 우리의 태도를 알고 있다면, 우리는 태도와 일치되는 행동을 해야 하는 경우가 많다.

4) 접근하기 쉬운 태도

접근하기 쉬운 태도는 쉽게 기억하고 의식할 수 있는 태도이다. 접근하기 쉬운 태도는 구체적이면서도 강한 태도인 경우가 많기 때문에 태도의 구체성과 강도를 더 잘 이해할 수 있게도 해준다.

5) 안정적인 태도

시간이 지나도 잘 변하지 않는 태도를 안정적 태도라고 하는데, 안정적인 태도는 변하지 않기 때문에 쉽게 기억해낼 수 있고, 쉽게 기억해 낼 수 있기 때문에 태도와 관련된 행동을 바로 예측할 수 있게 된다.

지금까지의 논의를 종합해 보면 태도가 구체적이고, 강하며, 쉽게 드러나고, 기억할 수 있으면서도, 시간이 지나도 잘 변하지 않을 때 태도는 행동에 직접적인 영향을 미치며, 이들 다섯 가지 조건은 서로 깊이 관련되어 있다는 것을 알 수 있다. 즉, 태도가 구체적일수록 강하며, 태도가 강하고 구체적일수록 드러내놓고 말하기 때문에 다른 사람이 우리의 태도를 알기 쉽고, 또한 태도가 강하고 구체적일수록 바로 의식의 수면위에 떠오를 것이고, 그렇게 때문에 시간이 지나도 쉽게 변하지 않을 가능성이 크다는 것이다.

II. 태도 변화

태도 변화는 이전의 태도와 다른 새로운 태도가 생기는 것을 의미하기 때문에 태도 형성과 같은 맥락에서 설명할 수 있다.

정보처리를 강조하는 상황론적 접근법이 새로운 사회정보가 태도를 바꿀 수 있다고 보고 있다면, 일관성 원리를 강조하는 접근법은 어떤 사실・정보・생각・인센티브 때문에 일관성이 깨진 후 일관성을 되찾는 과정에서 새로운 태도가 형성되면서 태도변화라는 현상이 생긴다고 보고 있다. 또한 학습을 강조하는 접근법에 따르면 사람의 태도는 사회적 학습 같은 학습과정을 통해서 바뀔 수도 있다.

사회정보, 일관성, 학습 외에도 행동이 태도의 형성과 변화에 영향을 미친다고 보는 관점도 있다. 우리는 태도가 행동에 영향을 미칠 수 있다는 사실은 잘 알고 있지만, 행동이 태도에 영향을 미칠 수 있다는 사실은 모르는 경우가 많은데, 인지부조화이론, 자기지각이론, 인상관리이론은 행동이 태도에 영향을 미칠 수 있다는 사실을 분명하게 보여주고 있다.

1. 인지부조화이론

인지부조화란 태도와 행동 사이, 태도 요소 사이, 인지 요소 사이, 인지와 정의(情誼) 사이, 인지와 행동 사이의 불일치 현상을 말한다. 이 가운데 태도와 행동 사이의 불일치와 관련된 문제가 가장 중요한 관심사항이기 때문에, 인지부조화라고 하면 태도와 행동 사이의 불일치 현상을 말하는 경우가 많다.

인지부조화이론에 따르면 태도와 행동 사이에서 부조화를 겪고 있는 사람은 스트레스와 불편한 감정을 느끼고, 가능하다면 빨리 이 스트레스와 불편한 감정을 없애려고 노력하는데, 이 과정에서 아예 새로운 태도가 생기거나, 기존의 태도가 바뀔 수 있다고 한다.

1) 부조화를 줄이는 방법

부조화를 겪는 사람은 다음과 같은 네 가지 방법을 사용하여 부조화를 줄이려고 한다 (이훈구, 1998:119-120; Robbins, 1998:144-146).

첫째, 행동을 바꾸어 태도와 행동을 일치시키려고 한다.

둘째, 태도를 바꾸어 행동과 일치시키려고 한다.

셋째, 태도와 행동 사이의 부조화 측면을 압도할 수 있는 다른 (조화로운) 측면을 찾아냄으로써 부조화를 줄인다.

넷째, 태도와 행동 사이의 불일치가 중요한 것이 아니라고 생각함으로써, 부조화를 줄인다.

지금까지 논의한 여러 방법 가운데 가장 많이 쓰이는 방법은 태도를 바꾸어서 행동과 일치시키는 것이다. 이 방법이 가장 간단하고 또 손쉽기 때문인데, 태도를 바꾸어서 행동과 일치시키는 현상은 합리화(rationalization)라는 표현으로도 설명이 가능하다. 즉, 행동이 발생하고 난 후 행동을 합리화하는 태도가 나중에 형성되어 행동과 태도 사이의 불일치로 인한 불편함을 없앤다는 것이다.

2) 인지부조화가 문제가 되는 경우

사람이 태도와 행동이 일치하지 않을 때 인지부조화를 느끼는 것은 사실이지만, 인지부조화는 언제나 문제가 되는 것은 아니다. 그렇다면 인지부조화는 언제 문제로 떠오르는 것일까? 인지부조화는 다음과 같은 상황조건에서 문제로 대두된다 (한규석, 1995:183; Robbins, 1998:144-146).

첫째, 부조화 요인에 행사할 수 있는 영향력에 따라 부조화를 느낄 수도 있고, 그렇지 않을 수도 있다. 부조화 요인에 영향력을 발휘할 수 없는 부득이한 상황에서는 부조화에 따른 스트레스나 불쾌감을 느끼지 않을 수도 있다.

둘째, 행동을 바로 취소할 수 있는 상황보다 돌이킬 수 없는 상황에서 부조화 현상을 경험하기 쉽다. 행동이 잘못되었음을 알고 금방 취소할 수 있다면 부조화가 발생할 가능성은 거의 없다.

셋째, 자신이 하는 행동이 좋지 않은 결과를 야기한다는 사실을 알면서도 행동했다면 부조화에 따른 스트레스를 경험하기 쉽다. 또한 결과를 예측하지는 못했지만, 행동의 책임이 자신에게 있다고 느낄 때도 부조화에 따른 불쾌감을 느낄 가능성이 크다.

넷째, 부조화 요인의 중요성과 부조화와 관련된 보상도 중요하다. 부조화를 일으키는 요인이 중요하지 않을 때는 부조화를 없애려는 우리의 욕망도 그만큼 약해질 것이고, 부조화가 스트레스를 주기는 하지만 상당 수준의 보상을 해준다면 부조화에 따른 불편함도 줄어 들 수 있다.

2. 자기지각이론

우리는 자신의 행동을 보고 태도를 알게 되는 경우가 있다. 즉, 우리는 자신의 행동을 보고서 태도를 역으로 유추하는 경우가 있다는 것이다. Bem(1972)이 주창한 자기지각이론은 사람이 자신의 행동을 보고서야 태도를 파악하게 되는 현상을 잘 설명해 주는 이론인데, Bem은 사람은 자신의 태도·느낌·정서를 직접 알 수 없으며, 외부의 잠재적 원천—바로 자신의 행동—을 관찰하여 그것을 알게 된다고 주장한다. 즉, 우리는 어떤 방식으로 행동하고 나서 그것을 지각하게 되고, 그 후에 그 행동과 일치하는 어떤 태도를 가지게 된다. 이 이론에 따르면 사람은 태도와 행동 사이의 부조화를 없애려고 힘쓰는 과정에서 태도가 형성되거나 변하는 것이 아니라, 자신이 하는 행동을 분석한 뒤에 행동 대상에 대한 태도가 형성되기도 하고 바뀌기도 한다는 것이다.

3. 인상관리이론

인상관리이론의 핵심은 우리는 남에게 잘 보이기 위해서 인상을 관리하는 경우가 많은데, 이 과정에서 태도가 바뀌거나 새롭게 생기기도 한다는 것이다. 어떤 의미에서 보면 인상관리이론에 따른 태도변화는 근본적인 변화가 아니라 가식적인 변화라고 할 수도 있다. 어떤 사람이 평소 태도와는 다른 행동을 하고 나면, 그 사람의 태도가 바뀐 것처럼 보이기도 한다. 그러나 이 사람이 보이는 태도는 자신이 (행동과 태도가 일치하는) 일관성 있는 사람이라는 인상을 다른 사람들에게 줌으로써 그들로부터 긍정적인 평가를 받으려는 의도적 노력의 산물일 수도 있기 때문에, 그런 태도는 실제로 변한 것이 아니라 변한 것처럼 보이는 태도일 수도 있다 (한규석, 1995: 188).

III. 직무만족

현대 조직에서 가장 중요한 태도는 직무만족(job satisfaction)인데, 그 이유는 직무만족이 동기부여·생산성·이직·조직시민행동·조직몰입에 영향을 미칠 수 있기 때문이다.

1. 직무만족의 구성요소

조직구성원의 직무만족은 그 사람이 하고 있는 일은 물론 급여, 인간관계, 작업환경에 대한 만족감이 총체이므로, 직무만족은 다음과 같은 여러 변수에 대한 만족감이 통합된 것으로 이해해야 한다.

1) 일

이것은 직무만족 구성요소 가운데 가장 중요한 것으로 내재적 동기부여의 주요 원천이기도 하다. 자신이 하는 일을 좋아하는 사람은 급여나 작업환경이 좀 나쁘더라도 일에서 기쁨과 행복을 느낄 수 있다.

2) 급여

자원봉사자를 제외한 모든 조직구성원은 경제적인 보상을 받기 위해서 조직에서 일하기 때문에 급여는 조직구성원의 직무만족에 매우 중요한 영향을 미친다.

3) 작업환경

작업환경 또한 직무만족에 영향을 미친다. 남극 세종기지나 소백산 천문대 같이 작업환경이 좋지 않은 곳에서 일하는 사람을 생각해 보라. 그곳에서 일하는 사람은 하는 일도 재미있을 것이고, 급여도 넉넉하게 받겠지만, 전반적인 직무만족도는 높게 나오지 않을 수도 있다.

4) 조직 내 인간관계

조직 내에서 맺는 인간관계도 직무만족에 큰 영향을 미친다. 독선적인 상사, 시기심 많은 동료, 멋대로 하는 부하와 같이 일하는 사람은 쾌적한 환경에서, 넉넉한 급여를 받으며, 적성에 맞는 일을 하더라도, 거친 인간관계 때문에 직무에 만족하기는 쉽지 않을 것이다.

5) 퍼스낼리티

제2장에서 설명한 퍼스낼리티도 직무만족에 영향을 미친다. 낙천적이고 쾌활한 성격의 사람은 직무에 쉽게 만족하는 반면에 비관적이고 음울한 성격의 사람은 자신의 직무에 자주 불만을 표출하기 쉽다.

6) 조직구조

조직의 구조적 형태도 직무만족에 영향을 미친다. 관료적이고 기계적인 구조를 채택하고 있는 조직에서 자유롭고 창의적인 사람은 자신이 하는 직무에 만족하기 어렵다.

2. 직무만족 · 생산성 · 이직

1) 직무만족과 생산성

직무에 만족하는 사람이 일을 더 열심히 할 것이기 때문에 생산성이 더 높을 것 같지만, 직무에 만족하는 사람이 항상 생산적이지만은 않다. 그러나 조직구성원 개인에서 조직 전체로 차원을 높여서 살펴보면, 자신의 직무에 만족하는 구성원이 많은 조직은 그러지 않은 조직보다 생산성이 높다는 사실을 알 수 있다. 따라서 자신이 하는 일에 만족하는 '행복한 구성원'이 항상 생산적이라고 할 수는 없겠지만, 자신의 직무에 만족하는 사람이 많이 소속되어 있는 '행복한 조직'은 그렇지 않은 조직보다 더 생산적이라고 할 수 있을 것이다.

2) 직무만족과 이직(離職 turnover)

직무만족은 조직구성원의 이직의도(turnover intention)와 실제 이직에 큰 영향을 미친다. 자신이 하는 일에 만족하지 못하는 사람은 조직을 떠날 생각을 자주 하게 되고, 자신에게 어울리는 적당한 조직이 나타나면 실제로 조직을 떠나기도 한다.

직무만족과 이직 사이의 관계에 영향을 미치는 중요한 조절변수가 있는데, 그것은 구성원이 성취하는 성과수준이다. 직무만족은 일을 잘하는 사람—즉, 성과수준이 높은 사람—에게 큰 영향을 미치지 않을 것이다. 대부분의 조직은 칭찬·인정·승급·승진 등을 통해서 일 잘하는 사람들을 붙잡아 두려고 노력하기 때문에 이 사람들은 직무만족과 상관없이 조직에 남을 가능성이 크다. 반면에 일을 잘 못하는 사람은 기업으로부터 승진이나 급여인상 같은 혜택을 받기도 어렵고, 조직도 그런 사람에게 떠나도록 무형의 압력을 가할 가능성이 있기 때문에, 이들에게는 직무에 대한 만족감은 이직 또는 이직의도에 큰 영향을 미칠 수 있다.

4장 동기부여 : 이론과 실제[4)]

제1절 : 동기부여 이론

동기부여(motivation)는 행위를 시작하고 연출하는 힘이다. 동기부여에는 내재적(intrinsic) 동기부여와 외재적(extrinsic) 동기부여가 있는데, 앞에 것은 일 그 자체가 가져다 줄 수 있는 성취감·재미·흥미 때문에, 뒤에 것은 돈과 같이— 일 그 자체가 아닌—일과 간접적으로 관련된 것들 때문에 발생하는 동기부여를 뜻한다. 즉, 내재적 동기부여는 하는 일이 즐겁거나 보람 있을 때 또는 다른 사람이 일을 잘한다고 칭찬하거나 인정해 줄 때, 외재적 동기부여는 일 그 자체가 아니라 일과 관련된 주변상황 때문에 일어난다고 할 수 있다. 이 두 가지 동기부여 가운데 내재적인 것이 훨씬 중요하기 때문에 모든 동기부여 이론가는 이것을 매우 깊이 있게 다루고 있다.

동기부여는 행위를 시작하고 연출하는 힘이기 때문에, 대부분의 동기부여 이론은 '무엇'이 우리를 열심히 일하도록 만들며, 우리는 '어떻게' 해서 그렇게 열심히 일하게 되는가를 다루고 있는데, 동기를 부여하는 '무엇'을 다루는 이론을 내용(content)이론, 동기가 '어떻게' 부여되는가를 설명하는 이론을 과정(process)이론이라고 한다.

---

4) 이 장은 글쓴이의 '새조직이론' (2001년 2월 출간) 제4장과 제6장, '현대조직론' (2003년 4월 출간) 제4장과 제5장 그리고 제13장, '조직행동론' (2005년 4월 출간) 제5장과 제6장, 글쓴이와 박노율이 공동 저술한 '조직과 인간행동' (2007년 4워 출간) 제4장에 있는 '동기부여'에 대한 내용을 대폭 수정한 뒤, 글쓴이가 새롭게 편집하였다.

I. 내용이론

사람들은 내용이론을 흔히 욕구이론이라고 부르기도 하는데, 동기를 부여하는 '무엇'이 바로 욕구이며, 내용이론의 대표적인 이론인 Maslow의 욕구단계이론, Alderfer의 ERG 욕구이론, McClelland의 성취욕구이론 같이 이름에 욕구라는 말이 들어 있기 때문이다.

1. Maslow의 욕구단계이론

이 이론은 심리학과 경영학뿐 아니라 여러 학문 분야에서 광범위하게 소개되어 이용되고 있는데, 이 이론의 요점은 다음과 같다 (Maslow, 1943; 1954).

첫째, <그림 3>에서 보는 바와 같이, 사람에게는 다섯 가지 욕구가 단계적으로 존재하는데, 그 다섯 가지 욕구란 생리적 욕구, 안전에 대한 욕구, 사회적 욕구, 자존심의 욕구, 자아실현의 욕구이다.

둘째, 욕구는 부족(deficit)원칙과 진행(progression)원칙의 두 가지 원칙에 의해서 움직인다. 부족원칙에 의하면 충족된 욕구는 더 이상 행동의 동기요소가 될 수 없으며, 사람은 결핍된 욕구(deprived needs)를 충족시키기 위해서 행동한다고 한다. 진행원칙에 의하면 앞의 다섯 욕구는 잠재력의 강도에 따라 엄격하게 순서가 정해진 단계별로 존재하며, 각 단계의 욕구는 차하위 단계의 욕구가 충족되었을 때에만 욕구로서 작동한다고 한다.

셋째, 결핍된 욕구는 개인의 주의를 지배하게 되고, 행위를 결정하는 부족현상을 초래한다. 이러한 부족현상이 해소되고 나면, 상부단계로 진행하면서 차상위 단계의 욕구가 작동하기 시작한다.

위의 다섯 욕구 가운데 생리적 욕구, 안전에 대한 욕구, 사회적 욕구는 부족욕구(deficiency needs)로서 사람이 건강하고 안전하게 지내려면 마땅히 충족되어야 할 욕구이며, 존경받고 싶은 욕구와 자아실현의 욕구는 성장욕구(growth needs)로서 개인 잠재력을 발전시켜 성취하려는 욕구이다. 자아실현의 단계에 도달하게 되면, 사람은 부족원칙에 의해서 동기부여되는 것이 아니라, 성장하기 위해서 또한 그 사람이 되고자 하는 모든 것이 되기 위해서 동기부여된다. 즉 가장 상위단계인 자아실현의 단계에 이르면 부족원칙과 진행 원칙 모두 작동을 멈춘다고 할 수 있다.

<그림 3> Maslow 욕구단계이론

최고 차원 ▲	⑤ 자아실현욕구 자아발전을 위해서 자신의 잠재능력을 극대화하려는 욕구이다.
	④ 존경욕구 다른 사람들로부터 높은 평가와 존경을 받고자 하는 욕구이다. 여기에는 지위, 신분에서 오는 자존심과 아울러 다른 사람으로부터 인정을 받는 것이 포함된다.
	③ 소속 및 애정욕구 인간은 사회적 존재이므로 어디에 소속하거나 다른 집단에 의해서 받아들여지기를 바라는 욕구를 가지고 있다. 즉 동료 집단에 소속되고 싶어 하고, 그들과 우의 및 애정을 갖고자 하는 욕구이다.
	② 안전욕구 외부로부터 자신을 보호・보장받고 싶어 하는 욕구이다. 즉 근본적으로 신체적인 위험과 기초적인 생리적 욕구의 박탈로부터 자유로워지려는 욕구이다.
가장 기본적인 차원	① 생리적 욕구 음식, 의복, 거처 등과 같이 삶 그 자체를 유지하기 위한 기초적인 인간의 욕구이다.

(출처 : 박운성, 1998: 247)

Alderfer의 ERG 욕구이론

Alderfer의 이론은 Maslow의 이론 가운데 문제가 되는 부분들을 수정해서 발표한 것이므로, Maslow 이론의 아류(亞流)라고 할 수 있다. 따라서 Maslow 이론과 비교해서 설명하는 것이 이 이론을 더 쉽게 이해할 수 있다.

첫째, ERG이론에서 'E'는 존재를 나타내는 'existence', 'R'은 관계를 나타내는 'relatedness', 'G'는 성장을 나타내는 'growth'를 나타내는 데서 알 수 있듯이 Alderfer는 Maslow의 욕구의 다섯 단계를 세 단계로 축약하였다.

둘째, Alderfer는 성장배경이나 경험세계가 사람마다 다르기 때문에 사람은 하위욕구가 충족되지 않았을 때에도 성장욕구 같은 상위욕구를 충족시키는 행동할 수 있고, 사람에게는 한 가지 이상의 욕구가 동시에 작용할 수 있다고 보고 있다. 따라서 Alderfer의 이론은 상위 욕구가 작동되기 전에 하위욕구가 반드시 충족되어야 한다는 진행원칙과 욕구에 엄격한 단계가 있다는 Maslow의 가정을 강조하지 않는다.

셋째, Alderfer는 이미 충족된 하위 단계의 욕구라도 차상위 단계의 욕구가 충족될 수 없을 때에는 다시 작동할 수 있다는 좌절-퇴행의 원칙(frustration-regression principle)을 강조한다. 즉 Alderfer는 고차 욕구가 행동에 영향을 행사하기 전에 반드시 하위 욕구가 충족되어야 한다는 Maslow의 진행원칙의 가정을 배제하고 있다는 것이다. 좌절-퇴행 원칙에 따르면 이미 충족된 하위 단계의 욕구는 차상위 단계의 욕구가 충족될 수 없을 때 다시 작동할 수 있다고 한다.

2. McClelland의 후천적 욕구이론

이 이론은 기존의 욕구이론과는 매우 다른 논리를 가지고 있다. 먼저 이 이론은 욕구가 후천적으로 학습될 수 있다고 주장한다. 사람이 이미 가지고 있는 욕구를 학습이나 훈련을 통해서 후천적으로 변화시킬 수 있다는 것이다. 이것은 유아시절에 욕구가 습득되기 때문에 욕구의 변화나 습득이 쉽지 않다는 Maslow 이론 같은 기존 욕구이론의 주장과는 많이 다른 것이다. 또 이 이론은 개인의 동기부여는 그 사람이 지니고 있는 욕구의 강도—구체적으로는 성취욕구의 강도—가 결정한다고 본다. McClelland는 어떤 사람에게 특정한 욕구가 강할 때, 그 사람은 그 욕구를 충족시키는 행위를 하게 된다고 보고 있다. 예를 들면, 강한 성취욕구를 가진 사람은 그 욕구를 충족시키는 행위—어떤 목표를 향해서 매진하는 행위—를 보인다는 것이다.

McClelland는 후천적으로 학습할 수 있는 욕구에 다음과 같은 세 가지가 있다고 보았다.

1) 성취욕구 (need for achievement)

성취욕구는 무언가를 더 잘하려는 욕망, 문제를 해결하려는 욕망, 또는 복잡한 과업을 완전히 습득하려는 욕망과 관련이 있다. .

2) 친교욕구 (need for affiliation)

친교욕구는 다른 사람과 친밀하고 따뜻한 관계를 만들거나 유지하려는 욕망이다.

3) 권력욕구 (need for power)

권력욕구는 다른 사람을 통제하고 책임지려고 하고, 행동에 영향을 미치려는 욕망이다.

II. 과정이론

앞에서 설명한 내용이론이 '사람을 행동하게 만드는 것이 무엇인가'를 다루는 이론이라면, 과정이론은 '사람이 어떻게 행동하게 되는가'를 분석하는 이론이라고 할 수 있다. 대표적인 과정이론에는 기대이론, 공정성이론, 동기부여 귀인이론이 있는데, 이들 세 이론은 사람의 행동을 자발적이며 적극적인 판단의 산물이라고 보기 때문에 인지적(cognitive) 접근법이기도 하다.

1. 기대이론 (Expectancy Theory)

<그림 4>에 요점이 나와 있는 기대이론은 사람이 하는 행동은 합리적 계산의 산물이며, 사람이 의도적으로 선택한 결과라고 본다. 행동을 시작하고 연출하는 힘인 동기부여도 합리적 계산의 영향을 받으며, 특히 기대와 보상에 대한 계산이 동기부여에 큰 영향을 미친다 (Vroom, 1964).

<그림 4> 기대이론

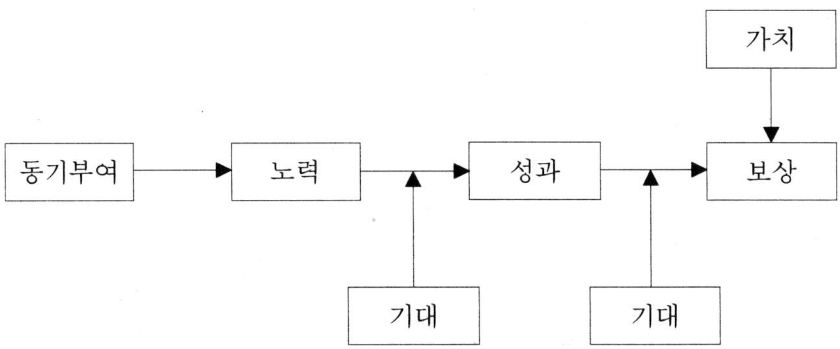

1) 기대(expectancy)는 사람이 노력하면 원하는 성과를 달성하고, 성과를 달성하면 원하는 보상을 얻을 수 있다고 믿는 가능성이다. 기대에는 '노력-성과 기대'와 '성과-보상 기대'가 있는데, 노력-성과 기대는 노력을 하면 원하는 성과를 달성할 수 있다는 믿음이고, 성과-보상 기대는 성과가 원하는 보상을 가져다 줄 것이라는 믿음이다.

2) 기대와 가치

이 이론은 성과(performance : P)를 동기부여(motivation : M)와 능력(ability : A)의 함수—P=f(M x A)—로 보고 있다. 그런데 능력이라는 변수는 짧은 시간 내에 쉽게 바뀌는 것이 아니고, 조직은 일정한 수준의 능력을 가진 사람을 선발할 수 있기 때문에, 동기부여이론에서는 조직구성원의 능력을 상수(常數 constant)로 보고 있다. 개인의 능력을 상수로 본다면, 성과는 동기부여의 직접적인 영향을 받을 수밖에 없다. 즉, 개인의 동기부여가 강하면 성과도 올라가고, 동기부여가 약하면 성과는 내려간다는 것이다.

이 이론에 따르면 사람의 동기부여는 '노력하면 원하는 성과를 달성할 수 있다'는 기대(믿음)와 그 성과가 '가치 있는 어떤 보상과 연결된다'는 기대(믿음)의 영향을 받는다고 한다. 예를 들면 대학생은 '노력을 하면 좋은 학점을 받을 수 있다'는 믿음과 '학점이 좋은 직장과 같은 가치 있는 어떤 보상과 직접적으로 연결된다'는 믿음이 있을 때 공부에 대한 동기부여가 생긴다. 즉, 학생의 동기부여는 노력하면 좋은 성적을 받을 수 있고, 좋은 성적이 취업 같은 가치 있는 어떤 보상과 연결된다고 믿는 정도에 따라 달라진다는 것이다.

2. 공정성이론 (Equity Theory)

우리는 자신의 노력과 보상을 다른 사람의 노력・보상과 비교하면서, 자신이 공정하게 대접받고 있는가를 평가하는 경향이 있다. 우리는 어떤 일을 할 때 투입한 것과 그 결과로 받는 것(즉, 투입-결과의 비율)을 다른 사람의 투입-결과의 비율과 비교하며, 비교 결과 자신이 공정하게 대접 받고 있다고 생각하면 하던 일을 계속하겠지만, 그렇지 않다고 생각하면 그것을 시정하기 위해서 무언가 반응을 보인다. 바로 이 비교과정에서 우리의 동기부여는 상당한 영향을 받는다.

사회적 비교(social comparison)와 공정성(equity)에 대한 지각의 중요성을 강조하는 이 이론의 요점은 '공정하게 취급받고 싶다'는 인간의 욕망이 동기부여의 원천이 라고 보고 있다. 즉, 우리의 투입-결과 또는 노력-보상의 비율과 비교대상의 그것 사이에 상당한 불공정함이 있다고 판단하게 되면, 공정성을 되찾기 위한 긴장감이 생기게 되고, 이 과정에서 동기부여의 수준이 변하게 된다 (Adams, 1963: 422-436).

3. 동기부여 귀인이론

귀인이론의 관점에서 보면, 우리는 자기지각 과정을 통해서 행동을 관찰한 다음, 행동의 원인이 외부에 있는지 내부에 있는지를 판단하게 된다. 이 귀인과정을 통하여 자신이 내재적, 외재적 가운데 어느 쪽으로 동기가 부여되었는지를 판단하고, 그 판단에 따라 자신이 좋아하는 보상의 형태를 정하게 된다. 자신이 외부요인 때문에 동기가 생겼다고 판단한다면 외재적 보상을 원할 것이고, 반대로 내부요인 때문이라고 판단한다면 내재적 보상을 바라게 된다. 즉, 내재적 동기부여는 내재적 보상과, 외재적 동기부여는 외재적 보상과 연결되어야 한다는 것이다.

그런데 내재적으로 동기부여 되어 있는 사람에게 외재적 보상을 주거나 아니면 그 반대로 외재적으로 동기부여 되어 있는 사람에게 내재적 보상을 주면 어떻게 될까? Deci에 따르면 이 경우 우리의 동기부여에 상당한 변화가 생긴다고 한다. 구체적으로는, 내재적으로 동기부여 되어 있는 사람에게 외재적 보상을 주게 되면, 내재적 동기부여가 약해지거나 내재적 동기부여가 외재적 동기부여로 바뀌는 효과가 있으며, 외재적으로 동기부여 되어 있는 사람에게 내재적 보상을 주면, 외재적 동기부여가 내재적 동기부여로 바뀔 수 있다 (Deci, 1971; Jordan, 1983).

제2절 : 동기부여 이론의 실제

I. 목표설정이론 (Goal Setting Thoery)

이 이론이 주장하는 것은 어렵고 도전적이며, 모호하지 않고 구체적인 목표가 동기부여의 원천이라는 것이다. 즉, 과업 수행능력을 가지고 있고 목표를 수용한 사람에게 구체적이면서도 도전적인 목표를 정해주면 작업성과가 향상된다는 것이다. 이런 점에서 이 이론은 사람이 원하는 미래 상태를 바탕으로 하여 동기부여에 접근하는 이론이라고 할 수 있다.

목표설정이론의 요점은 미래 상태인 목표와 그 목표를 달성하려는 의도(intention)가 인간의 행동을 결정한다는 것이다 (Locke, 1968). 이 이론에 따르면 사람은 목표를 달성할 때까지 의도하는 행위를 지속하는 경향이 있기 때문에, 목표와 (목표를 달성하려는) 의도가 동기부여의 원천이라고 할 수 있다. 그렇다면 목표의 어떤 메커니즘이 동기부여와 성과에 영향을 미치는 것일까?

1) 목표와 동기부여

목표는 다음과 같은 네 가지 방법으로 동기부여와 성과에 영향을 미칠 수 있다 (Locke & Latham, 1984:170).

(1) 집중 (focus) 또는 방향 설정 (directing)

의미 있는 목표는 사람의 주의를 한쪽 방향으로 집중시키는 (focusing) 역할을 한다. 의미 있는 목표는 사람의 주의와 행동이 한쪽 방향으로만 향하도록 (directing) 한다.

(2) 노력(effort)

목표는 사람을 더 노력하게 만든다. 사람은 목표가 정해지면 더 열심히 노력하는 경향이 있는데, 특히 목표가 어려울수록 더 많은 노력을 기울이게 된다.

(3) 지속 (persistence)

목표는 업무수행 과정에 어려움이 있더라도 노력을 계속하게 만드는 역할을 한다. 목표는 사람에게 그것을 어느 정도 달성했으며, 목표의 달성이 얼마나 중요한 것인가를 끊임없이 일깨워주는 역할을 한다.

(4) 전략과 행동계획의 개발

목표는 사람에게 그것의 달성을 위한 방법을 찾게 만든다. 사람은 목표가 정해지면 그것을 달성하는 방법을 찾고, 새롭고 창의적인 전략이나 행동계획을 개발하게 되는데, 이 메커니즘 때문에 목표설정이론을 인지적 접근법이라고 부를 수 있다.

2) 이론의 전제조건과 목표-성과 사이의 관계

(1) 목표 수용과 능력

목표설정이론은 목표가 동기부여의 원천이라고 주장하는데, 그렇다면 목표는 어느 것이나 동기부여를 높일 수 있을까? 물론 그렇지는 않다. 이 이론에 따르면 모든 목표가 동기부여와 성과에 영향을 미치는 것이 아니라, 다른 조건이 같다면, 구체적이면서도 어려운 목표만이 동기부여와 성과를 향상시킬 수 있다고 한다. 즉, 다른 조건이 같다면 수치로 표시된 구체적이면서도 어려운 목표가 동기부여에 영향을 미친다는 것이다.

그렇다면 '다른 조건'이란 무엇인가? 그것은 목표의 수락과 개인의 능력을 의미한다. 목표를 받아들이고, 목표달성 능력을 가지고 있는 사람에게 구체적이면서도 어려운 목표를 정해주면 그 사람의 동기부여는 촉진되고 궁극적으로는 성과도 향상된다는 것이다. 이런 점에서 목표설정이론의 전제조건은 목표의 수락과 수행능력이 된다.

(2) 목표-성과 사이의 관계

이 이론의 기본적인 주장은 업무수행자가 목표를 수용했고 그것을 달성할 능력을 가지고 있다면, 어렵고 도전적이며 모호하지 않고 구체적인 목표가 성과를 향상시킨다는 것이다. 그런데 여기서 주의할 것은 직무수행자가 달성하기 불가능하다고 인식하는 목표는 동기부여에 부정적인 영향이 있다는 점이다. 즉, 너무 어려워서 도전하기 힘든 목표는 달성 가능성이 낮기 때문에 도전하기보다는 포기하게 만들 수도 있다는 것이다.

II. 강화이론 (reinforcement theory)과 학습 (learning)

강화이론에 따르면 행동은 결과(consequence)의 함수라고 한다. 즉 기분 좋은 유쾌한 결과와 관련된 행동은 반복적으로 발생하기 쉬운 반면, 불쾌한 결과와 관련된 행동은 다시 발생할 가능성이 적다는 것이다.

강화이론은 작동적 학습(作動的 學習 operant learning) 또는 작동적 조건화(作動的 條件化 operant conditioning)를 바탕으로 발전한 이론이다. 사람은 외부세계에 직간접적으로 무언가를 작동하기 마련인데, 사람이 외부세계에 대하여 무언가를 행사하거나 작동할 때 보이는 반응을 작동적 행위 또는 자발적(voluntary) 행위라고 한다. 작동적 학습은 이와 같은 작동적, 자발적 행위를 학습하는 과정이라고 할 수 있다.

<그림 5>에는 작동적 학습의 예로 상사가 부하에게 정확한 작업설명서를 작성하는 방법을 가르치는 과정이 나와 있다..

<그림 5> 강화이론의 예

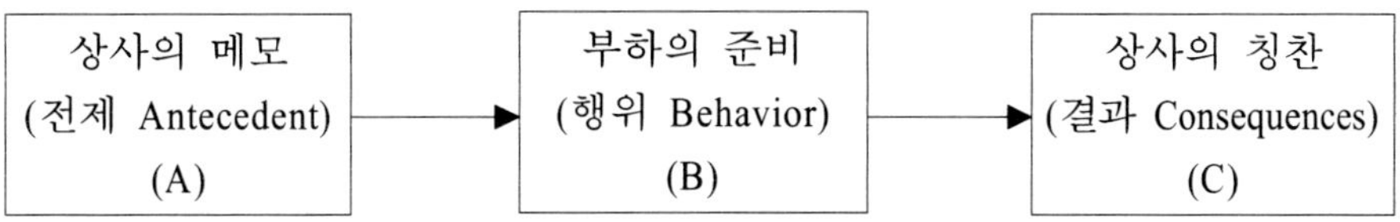

· 자극1 : 상사가 부하에게 작업설명서를 작성해서 올리라는 메모를 보낸다. 이것이 조건자극 또는 전제(antecedent)가 된다.

· 반응1 : 부하는 작업설명서를 작성한다. 이것이 조건 작동적 반응 또는 작동적 행위(behavior)이다.

· 자극2 : 잘 만든 작업설명서를 보고 상사는 부하를 인정하고 칭찬해 준다. 이것이 강화자극(reinforcing stimulus) 또는 결과(consequence)이다.

· 반응2 : 상사로부터 인정받고 칭찬을 들은 부하는 만족감을 느낀다. 이것이 무조건 반응(unconditioned response)이다.

앞의 예에서 보는 바와 같이, 작동적 학습은 사람이 외부세계에 대하여 올바르게 작동(상사의 지시에 따른 행동)하고 이 작동적 반응 또는 행동(상사의 지시에 따른 행동)에 대해서 칭찬이라는 강화(보상)을 해줌으로써 특정한 행동을 학습하는 과정이라고 할 수 있다. 앞의 예에 있는 부하가 앞으로 상사의 지시대로 잘 할지 안 할지는 상사가 부하에게 어떤 종류의 자극(자극2)—강화—을 주는가에 달려 있다. 상사가 열심히 일한 부하에게 칭찬을 한다면 부하는 지시대로 열심히 하겠지만, 칭찬을 하지 않거나 욕을 한다면 부하는 지시대로 하지 않을 것이기 때문이다. 이와 같이 부하가 상사가 원하는 대로 행동을 다시 할 것인지는 그 행동이 어떻게 강화되는가에 달려 있다고 하겠다.

강화이론을 현실에 적용할 때 가장 중요한 문제는 어떤 강화를 언제 제공할 것인가와 관련되어 있다.

1) 강화의 종류

바람직한 행위를 유발하기 위해서 제공하는 강화에는 긍정적 강화와 부정적 강화의 두 가지 유형이 있다.

(1) 긍정적 강화 (적극적 강화 positive reinforcement)

긍정적 강화는 칭찬·인정·승진과 같은 강화를 원하는 행동의 발생과 곧바로 연결되도록 함으로써 원하는 행위의 발생 빈도를 높이고자 할 때 사용하는 방법이다.

긍정적 강화에는 다음과 같은 네 가지 원칙이 있다.

첫 번째는 관련성(contingency)의 원칙이다. 이 원칙에 따르면 강화는 행위의 발생과 직접적으로 관련되어 있을 때 효과가 크다.

두 번째는 즉각 제공(immediacy)의 원칙으로, 행동이 발생한 직후에 강화를 바로 제공하면 효과가 크다.

세 번째는 강화규모(reinforcement size)의 원칙이다. 강화의 규모가 클수록—많은 양의 강화를 제공하면 할수록—그 효과가 더 크다.

네 번째는 강화 박탈(reinforcement deprivation)의 원칙인데, 이 원칙에 따르면 강화 대상자가 부족하다고 느끼는 강화—박탈되어 있다고 느끼는 강화—를 제공할 때 강화의 효과가 크다.

(2) 부정적 강화(negative reinforcement)

부정적 강화는 강화를 원치 않는 행위의 회피 또는 도피와 바로 연결시킴으로써, 원하는 행위의 발생 빈도를 높이고자 할 때 사용한다.

① 도피학습(escape learning)

이 상황에서 사람이 불쾌한 사건에서 도피하거나 또는 그런 사건을 끝내기 위한 행동을 취할 때까지 불쾌한 사건이 계속된다.

② 회피학습(avoidance learning)

이 상황에서는 불쾌한 사건이 일어나기 전에 적절한 행동을 해버림으로써 불쾌한 사건이 일어나는 자체를 막아 버린다.

(3) 소거(消去 extinction or omission)와 벌

소거와 벌은 강화라고 볼 수는 없지만 행동변화를 위해서 강화이론이 흔히 쓰이는 방법이다. 강화는 바람직한 행동의 발생 가능성을 높이기 위해서 쓰는데 반해서 소거와 벌은 원치 않거나 바람직하지 않은 행동을 줄이거나 없애는 데 쓴다는 점에서 차이가 있다.

① 소거

소거는 행동에 대해서 아무런 반응을 보이지 않음으로써 원하지 않는 행위를 줄일 수 있다. 긍정적 강화를 중지하더라도 사람은 당분간 긍정적 강화를 통해 학습한 행동을 계속하게 된다. 그러나 강화를 계속해주지 않으면 사람은 학습한 행동을 점차 하지 않게 되고, 나중에는 그 행동을 완전히 하지 않게 된다.

② 벌

벌은 원치 않는 행동의 발생과 곧바로 연결되도록 함으로써, 원하지 않는 행동의 발생 빈도를 줄일 때 사용한다.

벌은 부정적 강화와 자주 비교되는데, 이 둘을 오해하는 사람이 아주 많다. 부정적이라는 형용사가 붙어 있기는 하지만, 부정적 강화도 강화의 한 종류이므로 바람직한 행동을 이끌어 내기 위해서 사용한다. 그러나 벌은 바람직하지 않은 행동을 줄이거나 막기 위한 목적으로 사용한다는 점에서 다르다. 즉, 강화는 바람직한 행동을 더 자주 하기를 원할 때 사용하지만, 벌은 바람직하지 않은 행동을 덜 하거나 아예 하지 말기를 원할 때 사용한다는 점에서 다르다.

2) 강화계획(reinforcement schedule)

언제, 어떻게 행동에 대한 강화를 할 것인가와 관련된 강화계획에는 다음과 같은 다섯 가지 유형이 있다.

(1) 연속강화(continuous reinforcement)

이것은 바람직한 행동이 발생할 때마다 강화하는 것이다. 이 강화법은 새로운 행위를 정착시키는 데 있어서는 가장 빠른 방법이기는 하지만, 이 방법을 통해서 얻은 효과는 강화를 멈추면 빨리 없어져 버리는 단점도 있다.

(2) 단속적(斷續的) 또는 부분적 강화(intermittent reinforcement)

이것은 반응이 발생하더라도 어떤 때는 강화를 하지만, 어떤 때는 하지 않는 (강화 중단과 계속을 반복하는) 단속적인 방법으로 제공하는 강화를 말하는데, 다음과 같은 네 가지 강화가 있다.

① 변동 비율 강화(variable ratio reinforcement)

강화를 제공한 후 다음 강화까지 나타나야 하는 반응의 수(생산량)를 수시로 변화시키는 방법이다.

② 고정 비율 강화(fixed ratio reinforcement)

이것은 성과급같이 정해진 수만큼의 반응이 발생하면 제공하는 강화이다.

변동비율 강화는 강화시기를 예측할 수 없다는 특징 때문에 바람직한 행동을 이끌어내는 데 효과가 있고, 고정비율 강화는 강화한 행동을 긴 시간 동안 유지하는 데 효과가 있다.

③ 변동 간격 강화(variable interval reinforcement)

강화 사이의 간격이 계속 변하는 방법이다. CEO가 공장을 방문하는 간격이 일정하면, 방문해서 직원들을 칭찬하고 포상하는 등의 강화는 별로 효과가 없고, 갑자기 방문해서 칭찬하고 포상하는 것이 훨씬 더 효과적이다.

④ 고정 간격 강화(fixed interval reinforcement)

이것은 월급과 같이 일정한 기간이 지난 후 제공하는 강화이다. 이 방법은 강화의 종류와 시기를 예측할 수 있다는 점에서 변동간격 강화법과 비교해 볼 때 대체로 비효과적이다.

1. 학습 (learning)

학습은 연습과 경험의 결과로 사람의 행동에 비교적 영구적인 변화가 일어나는 과정이며, 사람을 상황에 어울리는 특정한 방식으로 행동하도록 조건화 (條件化 conditioning)하는 과정, 즉 자극(stimulus)과 반응(response)의 연상을 통하여 하나의 행위 패턴을 발전시키는 과정이다.

학습은 행태론적 학습과 사회적 학습으로 나눌 수 있고, 행태론적 학습은 다시 고전적 학습과 작동적 학습으로 나눌 수 있다.

1) 행태론적 학습 (behavioral learning)

(1) 고전적 학습 또는 고전적 조건화 (conditioning)

고전적 학습은 응동적(應動的 respondent) 행위 또는 반사적(反射的 reflexive) 행위를 학습하는 과정이다. 고전적 학습의 좋은 예로는 Pavlov의 실험이 있다.

훈련 전

종을 친다 ————————▶ (개) 침을 흘리지 않는다.
(무반응 no response)

훈련 후

종을 치고 나서 음식을 준다 ————▶ (개) 침을 흘린다.
(무조건 자극 unconditioned stimulus) (무조건 반응 unconditioned response)

종을 친다 ——————————▶ (개) 침을 흘린다
(조건 자극 conditioned stimulus) (조건 반응 conditioned response)

음식은 자동적으로 침을 흘리게 하기 때문에 위에서 보는 현상은 학습되지 않은 관계이다. 따라서 음식은 무조건 자극이 되고, 침을 흘리는 것은 무조건 반응이 된다. 종소리는 무조건적으로 침을 흘리게 하지는 않는다. 음식과 결합된 상태에서 상당한 연습이나 훈련기간을 거쳐야만, 종소리는 침을 흘리게 만드는 조건자극이 되는 것이다. 음식이라는 무조건 자극을 받아서 나오는 침이 무조건 반응이라면, 종소리라는 조건자극 때문에 침이 나오는 반응은 학습을 통한 조건반응이라고 할 수 있다. 이와 같이 고전적 학습을 통해서 얻을 수 있는 반응은 반사적인 행동인 경우가 많다.

(2) 작동적(作動的) 학습 또는 작동적 조건화 (operant conditioning)

작동적 학습은 작동적 행위(operant behavior)를 학습하는 과정이다. 사람은 외부세계에 직간접적으로 무언가를 작동하는데, 사람이 외부세계에 대하여 무언가를 행사하거나 작동할 때 보이는 반응을 작동적 행위 또는 자발적(voluntary) 행위라고 한다.

작동적 학습은 사람이 자발적 행위를 학습하는 과정인데, 이러한 자발적 행위는 환경에 무언가를 작동하기—영향력을 행사하기—때문에 작동적 행위라고도 부른다.

2) 사회적 학습

고전적 학습이론이나 작동적 학습이론에 따르면 사람은 시행착오나 직접 경험을 통해서만 학습할 수 있다고 주장하지만, 직접경험을 하지 않고 관찰을 통해서도 얼마든지 학습할 수 있다. 사람이 다른 사람의 행동을 관찰하여 배우는 것을 사회적 학습이라고 한다. 즉, 사람이 다른 사람의 행동을 관찰하고 그 행동결과를 인식하여 자신의 행동을 변화시킬 때 사회적 학습이 이루어진다고 할 수 있다.

사회적 학습은 직접 경험하지 않고도 이루어질 수 있는 것은 사실이지만, 사회적 학습이 언제나 가능한 것은 아니다. 관찰 가능한 행위만이 학습대상이 되기는 하지만, 지적, 예술적 행위처럼 관찰은 가능하지만 너무 복잡하고 모호한 행동은 단순한 관찰만으로는 학습하기 어려운 경우가 많다. 따라서 사회적 학습을 할 수 있으려면 다음과 같은 몇 가지 조건이 맞아야 한다 (Moorhead & Griffin, 1995:147)..

첫째, 관찰과 모방의 대상이 되는 행동은 상대적으로 단순해야 한다.

둘째, 사회적 학습의 대상은 관찰 불가능한 지적 활동이 아니라 관찰 가능한 구체적 행동이어야 한다.

셋째, 학습자는 관찰대상을 행동을 모방하는 데 필요한 육체적 능력을 가지고 있어야 한다

III. 직무설계

직무설계는 조직구성원이 일상적으로 수행하는 직무를 새롭게 설계하여 직무 관련 태도와를 개선하고 동기부여와 직무성과를 향상시키는 데 그 목적이 있다. 관리자의 입장에서 보면 직무설계는 구성원이 직무수행 과정에

서 느끼는 중요한 욕구가 무엇인지를 파악하고, 욕구충족을 막는 장애물을 없애서, 동기부여와 직무성과를 높이기 위해서 한다고 할 수 있다.

앞에서 이미 설명한 내재적 동기부여는 직무 그 자체에서 나오는 것이기 때문에 직무의 내용을 바꾸는 직무설계는 직무수행자의 내재적 동기부여 수준에 절대적인 영향을 미칠 수 있다. 이런 점에서 직무설계는 동기부여 이론을 작업현장에서 실제로 적용하는 과정이라고 할 수 있을 것이다.

1. 직무설계기법

직무설계 기법을 구체적으로 다루기 전에 직무범위와 직무관계에 대한 논의가 필요한데, 그 이유는 직무를 설계할 때 꼭 고려해야 하는 두 가지 측면이 직무범위와 직무관계이며, 대부분의 직무설계기법은 이 두 가지를 변화시키려는 노력이기 때문이다.

1) 직무범위와 직무관계

(1) 직무범위 (job scope) : 직무의 깊이와 폭

직무범위는 깊이(depth)와 폭(range)의 두 가지 요소로 구성되어 있다.

직무의 깊이는 직무재량권을 말하는데, 상부에서 하부로 권한을 많이 이양할수록 직무수행자의 재량권이 많아지기 때문에 '직무가 깊다'고 할 수 있다.

직무의 폭은 수행하는 과업의 수(the number of distinct tasks)를 말하며, 분업(division of labor)의 정도에 따라 과업의 수는 늘어나기고 하고 줄어들기도 한다.

직무범위는 기술적 내용은 물론 개인능력도 반영하고 있기 때문에 직무수행자가 어느 직급의 누구이며, 직무를 어디에서, 어떻게 수행하는가에 직무범위도 많이 달라질 수 있다. 가장 복잡한 직무가 수행해야 할 일도 많고 재량권도 많은 '폭이 넓으면서도 깊이 있는 직무'라면, 할 일도 별로 없고

재량권도 거의 없는 '폭도 좁고 깊지 않은 직무'라고 할 수 있다.

(2) 직무관계(job relationship)

직무관계는 직무와 관련해서 맺게 되는 인간관계를 말하는데, 직무관계를 알게 되면 직무수행자가 상호교류하는 사람도 알 수 있게 된다.

2) 직무설계기법

(1) 직무순환과 직무확대 : 직무의 폭에 변화를 주는 기법

① 직무순환(job rotation)

직무순환은 구성원이 여러 과제를 수행할 수 있도록, 주기적으로 여러 직무에 순환 근무하게 함으로써 과업의 수(다양성)를 늘리려는 방법이다.

② 직무확대(job enlargement)

직무확대는 다른 사람에게 배정되던 두 개 또는 그 이상의 과제를 한 가지 직무에 통합함으로써 과업의 수(다양성)를 늘리려는 방법이다.

(2) 직무충실화(job enrichment) : 직무의 깊이에 변화를 주는 기법

직무충실화는 직무내용에 동기부여적 요소를 집어넣는 방법이다. 이 직무설계 기법은 관리자들이 하던 계획(기획) 및 평가 업무의 일부를 부하에게 넘겨주어 직무의 일부로 추가함으로써 직무내용을 확대하려는 방법이다.

3) 직무특성모델(Job Characteristics Model)

<그림 6>에 나와 있는 직무특성모델은 Hackman과 Oldham(1980)이 개발한 것인데, 직무의 폭과 깊이를 동시에 고려한 종합적인 직무설계 접근법이다.

이 모델에 따르면 다음에 설명하는 핵심직무특성은 주요심리상태에 영향을 미치며, 이 심리상태는 동기부여, 직무만족, 작업성과 등에 영향을 미친다고 한다.

(1) 다섯 가지 직무특성

이 모델은 직무를 설계할 때 고려해야 할 직무특성을 다음과 같은 다섯 가지로 구분하고 있다.

① 기능다양성(skill variety)

작업을 수행하는 데 필요한 기능이 다양한 정도를 말한다.

② 과업정체성(task identity)

직무수행자가 과업의 시작부터 끝까지 전 과정을 보고, 이해할 수 있는 정도를 뜻한다.

③ 과업중요성(task significance)

과업이나 직무가 조직 안팎 여러 사람의 작업이나 생활에 영향의 미치는 정도이다.

④ 자율성(autonomy)

직무수행자가 독립적으로 작업계획이나 절차를 결정하는 재량권을 뜻한다.

⑤ 피드백(feedback)

직무수행 결과에 대한 명백한 정보를 직접적으로 얻는 피드백을 말한다.

기능다양성은 직무의 폭을 넓히는 방법과 관련이 있고, 과업정체성, 과업중요성, 자율성, 피드백 등은 직무를 더 깊게 하려는 직무충실화와 관련 있는 직무특성이라는 점에서, 이 방법은 직무확대와 직무충실화 기법을 다 포괄하는 종합적인 접근법이라고 할 수 있다.

(2) 이 모델의 특징

이 모델을 <그림 6>를 중심으로 살펴보면 기능다양성, 과업정체성, 과업중요성은 직무수행자가 자신이 하는 작업이 어떤 의미가 있는지 경험하게 하고, 자율성은 작업결과에 대한 책임감을 느끼게 하며, 피드백은 과업을 얼마나 잘 수행했는가를 알려주는 역할을 한다는 것을 알 수 있다.

이때 핵심직무특성과 주요심리상태와 결과 사이의 관계에 영향을 미치는 것은 직무수행자가 가지고 있는 성장욕구의 강도로 드러나는 개인차라고 할 수 있다. 강한 성장욕구를 가진 사람은 기능다양성, 과업정체성, 과업중요성, 자율성, 피드백이 잘 반영되어 있는 '충실한' 직무에 긍정적으로 반응하지만, 성장욕구가 약한 사람은 '충실한' 직무에 부정적으로 반응함은 물론 그 직무를 부담으로 여길 수도 있다는 것이다.

<그림 6> 직무특성모델

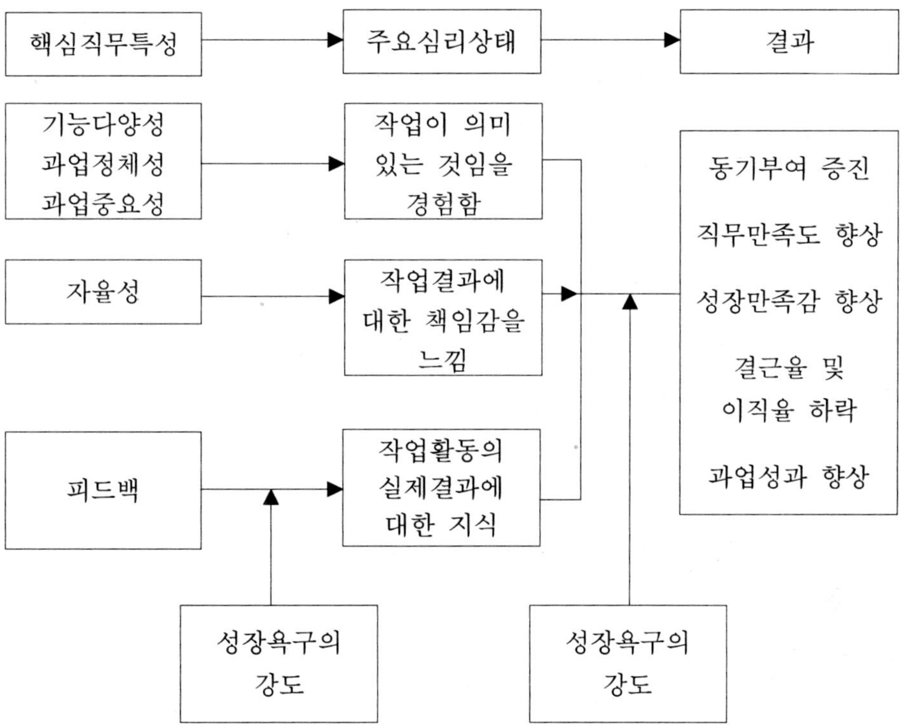

(출처 : Hackman & Oldham, 1980)

이런 점에서 직무특성모델은 다음과 같은 특징을 가지고 있다 .

첫째, 이 모델은 직무확대와 직무충실화 기법을 종합했으며, 다른 직무설계 기법이 고려하지 않은 직무수행자의 개인차를 직무설계의 중요한 변수로 포함시켰다.

둘째, 성장욕구의 강도로 알 수 있는 개인차에 따라 사람은 핵심직무특성에 다르게 반응한다. 핵심직무특성이 내재된 직무는 성장욕구가 강한 사람에게는 긍정적인 영향을 미치지만, 성장욕구가 약한 사람에게는 정반대 영향을 미칠 수 있다.

2. 직무에 대한 인식의 중요성과 직무설계에 대한 사회정보처리 관점

1) 직무에 대한 인식의 중요성

<그림 7> 직무설계 과정

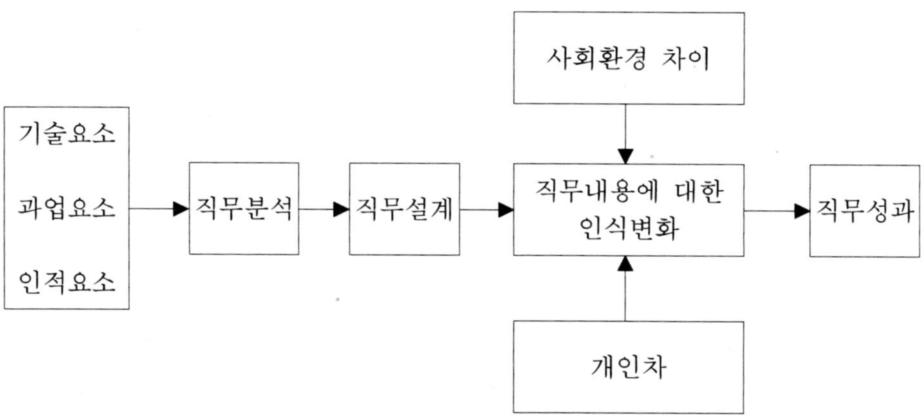

(출처 : Gibson, Ivancevich, & Donnely, 1994: 452)

<그림 7>에서 볼 수 있듯이 직무설계의 주된 목적은 직무와 직무특성에 대한 직무수행자의 '주관적' 인식을 바꾸는 데 있다. 직무수행자 스스로가 '내가 하고 있는 일이 재미있다'고 인식하지 않는 한 직무설계는 성공했다고 볼 수 없기 때문에, 직무설계에서 가장 중요한 것은 직무수행자가 직무에 대한 인식이다.

지금까지 논의한 대부분의 직무설계 이론은 '직무를 재미있게 만들어주면 조직구성원은 그 직무를 더 충실하게 수행한다'는 전제 위에서 출발하고 있지만, 많은 이론은 직무를 설계하는 관리자에게는 재미있는 직무라도 직무

수행자에게는 그렇지 않을 수도 있다는 사실을 간과해 왔다. 개인적, 환경적 차이 따라 직무에 대한 인식이 다를 수 있는데도 많은 직무설계 이론과 기법은 직무수행자가 직무를 어떻게 인식하고 있는가와 관련한 '직무에 대한 인식'의 문제를 무시해 왔다는 것이다.

2) 사회정보처리 관점

제3장에서 태도형성에 대한 논의를 하면서 이미 설명한 바 있는 사회정보처리(social information processing) 관점은 기존의 직무설계기법이나 이론과는 달리 직무에 대한 인식이 매우 중요하다고 보고 있다. <그림 8>에서 볼 수 있듯이 직무수행자의 직무에 대한 인식은 직무의 객관적 특징과 동료의 직무에 대한 의견 그리고 자신의 직무에 대한 의견이 종합되어 만들어진다. 직무에 대한 인식은 직무의 객관적 특성과 사회정보의 공통함수인 것이다. 바꾸어 말하자면 사회정보처리 관점은 개인의 욕구, 직무에 대한 인식, 직무설계에 대한 반응이 '사회적으로 만들어진 실체'의 결과라고 보기 때문에 조직 내에서 전달ㆍ교환되는 정보는 직무에 대한 사람들의 인식과 반응에 중대한 영향을 미친다고 보고 있는 것이다.

<그림 8> 직무설계에 대한 사회정보처리 관점

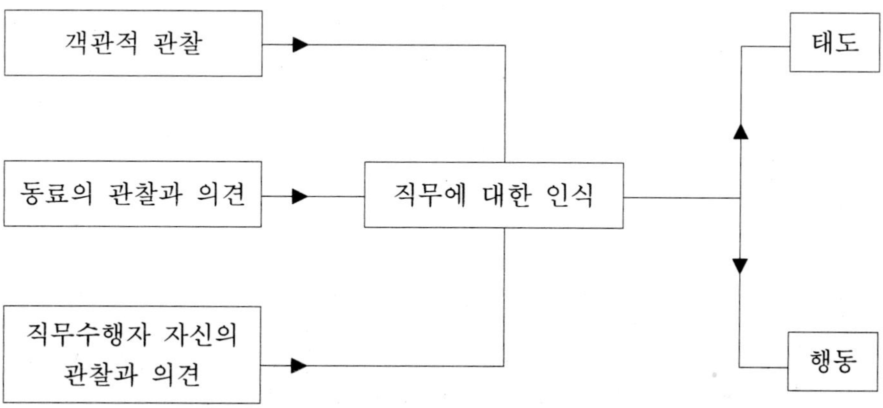

(출처 : 강영걸, 2003: 258)

5장 성과평가와 보상[5)]

조직구성원이 열심히 노력해서 성과를 달성하면 조직은 적절한 시기에 성과를 정확하게 평가하여, 피드백을 제공하고 공정한 보상을 해주어야 한다. 이런 점에서 성과평가・피드백・보상은 앞 장에서 논의한 동기부여와 깊이 관련되어 있다고 하겠다. 성과평가나 피드백이 올바르지 않거나 보상이 적절하지 않을 때 우리는 조직구성원이 열심히 노력하여 조직이 원하는 성과를 달성하리라고 기대할 수 없기 때문이다.

I. 성과평가

성과평가는 조직관리자가 정한 기준과 비교해서 구성원의 행동을 측정・분석하고, 그 결과를 기록・전달하는 과정이며, 승진・급여・해직・전출・해고 같이 구성원의 신분에 영향을 미칠 수 있는 체계적이고 공식적인 분석과정이다.

1. 성과평가의 목적

성과평가의 목적은 작업성과에 대한 정보 제공이나 승진・승급・해직・

5) 이 장은 글쓴이의 '새조직이론' (2001년 2월 출간) 제7장, '현대조직론' (2003년 4월 출간) 제6장, '조직행동론' (2005년 4월 출간) 제7장, 글쓴이와 박노율이 공동 저술한 '조직과 인간행동' (2007년 4웕 출간) 제5장에 있는 '성과평가와 보상'에 대한 내용을 대폭 수정한 후 글쓴이가 새롭게 편집하였다.

전출·해고 시 필요한 근거 제공 같은 '사용목적'에 따른 분류도 가능하지만 평가의 근본 이유를 근거로 한 분류도 가능하다. 평가의 근본 이유를 근거로 한 분류에 따르면 성과평가의 목적에는 두 가지 유형이 있다. 첫 번째 유형은 과거의 성과를 분석하는 판단(judgemental) 목적이고, 두 번째 유형은 미래의 성과를 촉진하려는 개발(developmental) 목적인데, 이 두 종류의 목적을 구체적으로 비교해 보면 다음과 같다 (Cummings & Schwab, 1973:5; Gibson et. al., 1994:218; Moorhead & Griffin, 1995:183).

1) 시간상으로 보면 판단 목적이 과거성과를 평가하는 과거지향적이라면, 개발 목적은 미래 준비 위주의 미래지향적이다.

2) 판단 목적의 성과평가가 보상으로 행동변화와 성과향상을 꾀한다면, 개발 목적의 성과평가는 자기학습과 성장기회를 제공하여 성과향상을 꾀한다.

3) 판단 목적의 성과평가가 척도·비교·빈도·분산 같은 평가용 도구를 이용한다면, 개발 목적의 평가는 카운슬링이나 상호이해 같은 평가방법을 이용한다.

4) 판단 목적의 평가에서 상사(평가자)는 부하의 성과를 평가하는 심판관의 역할을 한다면, 개발 목적의 평가에서 상사(평가자)는 부하의 말을 들어주고, 행동을 관찰하며, 도움과 가이드라인(지침)을 제공하는 것과 같은 상담지향적이며 용기를 북돋아주는 역할을 한다.

5) 판단 목적의 성과평가에서 부하는 자신이 달성한 성과를 변호하는 과거지향적인 역할을 한다면, 개발 목적의 성과평가에서는 과업을 미리 계획하는 것과 같은 미래지향적인 역할을 한다.

2. 성과평가 시스템의 구축

성과평가는 직무수행자에게 적절한 피드백을 주고, 공정한 보상을 제공하며, 훈련과 개발이 필요한 분야를 판단하고, 자기계발과 상담할 기회를 주기 위해서 시행하는데, 훌륭한 성과평가 시스템은 이러한 성과의 기능을 잘 수행할 수 있도록 설계한 것이라고 할 수 있다(Northcraft & Neale, 1990: 558; Steer & Black, 1994:201). 그러나 훌륭한 성과평가 시스템의 구축은 위에 적은 여러 기능이 서로 충돌하기 때문에 실제적으로는 매우 어려운 작업이라고 할 수 있다. 특히 적절한 보상을 하려는 기능과 상담기회를 제공하려는 기능 사이에는 상당한 문제가 따른다. 상사는 성과를 평가하면서 부하가 업무를 수행하면서 겪는 문제점이나 개인적 약점이나 실패의 경험을 들으려고 한다면, 부하는 그 기회를 승급·승진 등의 발판으로 삼으려는 경향을 보인다고 할 수 있다. 만약 상황이 이러하다면 부하들은 자신의 약점과 문제점을 드러내는 것은 승급이나 승진에 지장을 줄 것이라고 생각할 수 있기 때문에, 상사들의 기대와는 달리 자신의 문제점과 약점을 정직하게 말하려 하지 않을 가능성이 많다. 따라서 좋은 시스템을 개발·구축하려면 시스템이 원하는 것이 무엇인가를 정확히 파악하고 있어야 한다.

효과적인 성과평가 시스템을 구축하려면 누가, 무엇을, 언제 평가할 것인가와 관련된 다음과 같은 것에 신경을 써야 한다(Northcraft & Neale, 1990: 560-566).

1) 평가내용

평가는 직무수행자가 얼마나 일을 잘 하는가 알아보기 위해서 하는 것인데, 어떤 경우에는 독립심·책임감·자율성 같은 사람의 기질적 특성을 평가항목에 포함할 때가 있다. 그러나 직무수행자의 전반적인 기질특성을 성과평가에 포함하는 것은 시스템 설치 목적에 어긋나는 것이다. 좋은 평가시스템을 개발·구축하려면 평가하려는 내용—성과—만 평가항목에 포함되어야 한다.

2) 평가시기

평가시기에는 프로그램이 시작되기 전에 시행하는 사전평가, 프로그램이 진행 중에 시행하는 중간평가, 프로그램이 끝난 후에 시행하는 사후평가가 있다. 대부분의 프로그램 평가조사는 사후평가가 되겠지만, 개발적 목적으로 진행되는 평가의 경우에는 중간평가도 흔히 있다. 또한 사전평가를 개발적 목적으로 활용한다면 중간평가와 사후평가를 연계시킬 수도 있으므로 프로그램의 효과를 향상시킬 수 있다.

평가시기와 관련한 또 다른 문제는 평가 대상행동이 발생한 시점과 평가시점이 다른 경우가 많다는 것이다. 성과평가를 반기말(半期末) 또는 연말에 하는 경우 행동 발생 시점과 성과평가 시점 사이에 상당한 차이가 있기 때문에 올바른 평가가 이루어지지 못할 수도 있다.

3) 평가자 : 내부평가자와 외부평가자

좋은 성과평가시스템은 평가자의 개인적인 능력과도 밀접한 관련이 있다. 평가는 상사가 하는 경우가 대부분이겠지만, 어떤 경우에는 동료나 부하가 하는 경우도 있고, 평가대상자가 자신을 직접 평가하는 경우도 있다.

평가자는 일반적으로 다음과 같은 사람이어야 한다.

① 평가자는 대상자가 하는 일과 일의 목표를 정확히 알고 있어야 한다.

② 평가자는 대상자의 행동이 만족스러운지 아닌지 결정할 수 있어야 한다.

③ 평가자는 대상자를 수시로 관찰할 수 있는 사람이어야 한다.

④ 평가자는 대상자가 조직에 도움이 되는 사람인지 결정할 수 있어야 한다.

또한 평가자는 내부평가자와 외부평가자로 구분할 수 있는데, 어떤 유형의 평가자가 더 효과적인지는 상황에 따라 다르지만, 내부평가자의 장단점을 잘 비교·판단하여 결정하는 것이 좋다 (Rubin and Babbie, 2001: 566-568).

II. 보상과 보상관리

조직은 구성원이 (1) 직무수행에 더 많은 노력을 하라는 동기부여의 목적, (2) 원하는 사람이 조직에 들어오게 하고, 한번 들어오면 조직에 오래 남아 있도록 하기 위한 목적, (3) 직무에 더 만족하고, 조직에 충성하도록 유인하기 위한 목적으로 구성원에게 보상을 제공한다 (Moorhead & Griffin, 1995:191; Steer & Black, 1994:218-9). 즉, 조직은 보상이 구성원의 동기부여, 조직선택, 조직잔류, 직무만족, 조직몰입 등에 큰 영향을 미친다고 보기 때문에 구성원에 대한 보상과 보상관리에 많은 신경을 쓴다고 할 수 있다.

1. 보상의 유형과 보상에 대한 만족감

1) 보상의 유형

보상에는 내재적 보상과 외재적 보상이 있다. 내재적 보상이 일을 마치고 나서 느끼는 기쁨과 성취감 같은 것으로 대표되는 직무 그 자체와 직접 관련이 있는 보상이라면, 외재적 보상은 직무 자체가 아닌 직무 외적인 것과 관련이 있는 보상으로서 급여, 복리후생, 인간관계, 승진 같은 것이 대표적인 외재적 보상이다.

2) 보상에 대한 만족감

자신이 원하는 보상을 원하는 만큼 받을 때 사람은 보상에 만족하기 때문에 가장 좋은 보상은 받은 만족스러운 보상이라고 할 수 있을 것이다. 만족스런 보상이 되려면 대체로 다음과 같은 조건을 갖추어야 한다 (Lawler, 1977: 163-226).

(1) 실제보상과 기대보상

실제보상과 기대보상 사이의 차이가 보상에 대한 만족감에 영향을 미친다. 실제로 받는 보상과 받으면 좋겠다고 생각하는 보상의 차이가 적으면 적을수록 만족감을 느끼고, 크면 클수록 사람은 불만감을 가지게 된다.

(2) 비교 대상

우리 노력의 결과로 얻는 보상을 다른 사람이 받는 보상과 비교하는 경우가 많은데, 우리가 누구와 비교하는가도 보상에 대한 만족감에 영향을 미친다.

(3) 보상에 부여하는 가치

보상에 대한 우리의 가치관과 인식도 보상에 대한 만족감에 영향을 미칠 수 있다. 언어의 마술사인 시인이 좋은 언어를 발견하거나 표현해서 느끼는 기쁨은 그 자체가 시인에게 큰 보상이 되겠지만, 돈을 인생의 최고 가치로 여기는 장사꾼의 입장에서 보면 그런 종류의 기쁨과 보상은 전혀 이해할 수 없는 것일 수도 있다. 이런 차이는 시인과 장사꾼이 언어에 부여하는 가치관에 차이가 있기 때문이다.

(4) 영향력이 큰 보상

어떤 보상은 다른 보상에 영향을 주기 때문에 더 큰 만족감을 주기도 한다. 예를 들어 승진 같은 외재적 보상은 급여인상과 조직 내 자리 배치 같은 다른 보상과 직접적으로 관련되어 있기도 하지만, 성취감 같은 내재적 보상에도 영향을 미치기 때문에 더 큰 만족감을 줄 수 있다.

(5) 내재적 보상과 외재적 보상에 대한 인식

두 유형의 보상 사이에는 독립적이면서도 추가적인 관계가 있다고 알려져 있다. 두 종류의 보상은 다른 종류의 욕구를 충족시키고 있다는 점에서 독립적이라고 할 수 있지만, 두 유형의 보상을 같이 받을 때 만족감은 더 커지기 때문에 추가적인 관계라는 것이다.

두 유형의 보상 가운데 어느 것이 전반적인 만족감에 더 큰 영향을 미치는지는 확실하게 알 수는 없지만, 자신이 중요하다고 생각하는 욕구를 충족시키는 보상이 전반적인 만족감에 긍정적인 영향을 미친다고 말할 수는 있다.

2. 보상관리

보상관리는 앞에서 논의한 동기부여이론을 활용하거나, 개인과 집단차원을 활용하여 설명할 수 있다.

1) 동기부여이론과 보상관리

(1) 강화이론에 따른 보상관리

강화이론에 따르면 조직이 성과를 향상시킬 수 있는 행동을 찾아내서, 그 행동을 강화할 수 있는 방법을 선택하고, 적절한 강화스케줄에 따라 강화를 시행하면, 직무성과가 향상된다고 한다. 구체적으로 말하자면, 강화이론에 따른 보상관리는 이미 설명한 강화의 4대 원칙에 따라 하면 된다.

첫째, 보상은 (강화하려는 바람직한) 행동과 직접적인 관련이 있어야 한다.

둘째, 바람직한 행동을 한 직후에 바로 보상을 해야 한다.

셋째, 가능하다면 보상의 규모는 커야 한다.

넷째, 구성원이 원하고 필요로 하는 보상을 주어야 한다.

(2) 기대이론에 따른 보상관리

조직은 구성원이 노력한 후에는 보상을 받을 수 있다고 판단(기대)하는지, 그리고 어떤 보상을 가치 있다고 여기는지 등을 올바르게 파악해야 한다.

기대이론에 따르면 조직은 아래와 같이 보상관리를 해야 한다.

첫째, 조직은 성과가 달성되면 원하는 보상을 받을 수 있다는 사실을 구성원에게 분명하게 알려주어야 한다.

둘째, 구성원이 성과를 실제로 달성하면 조직은 원하는 보상을 해주어야 한다.

셋째, 이 보상은 구성원 자신에게 가치가 있는 것이야 한다.

(3) 사회적 학습이론에 따른 보상관리

사회적 학습이론에 따르면 우리는 다른 사람이 하는 행동을 보고 배운다. 즉, 관찰학습을 통해서 모방효과를 거둘 수 있는 것이다. 예를 들어 상사가 다른 사람들 앞에서 어떤 구성원을 칭찬하는 것은 당사자에게는 내재적 보상이, 다른 사람들에게는 관찰학습이 될 수도 있다. 이때 중요한 것은 다른 구성원들이 칭찬이라는 보상에 가치를 부여하지 않으면 그 보상은 관찰학습을 통한 모방효과를 거둘 수 없다는 것이다. 따라서 조직은 구성원 모두가 가치 있다고 판단하는 보상을 해주어야 원하는 결과를 얻을 수 있다.

2) 개인보상과 집단보상

개인보상은 조직이 개인에게 보상을 해주는 것이고, 집단보상은 개인이 아닌 집단전체에게 해주는 것이다. 집단보상보다 개인보상이 동기부여 향상과 깊은 관계가 있기 때문에 대부분의 조직은 보상을 개인에게 직접 해주고 있기는 하지만, 개인보상이 지니고 있는 아래와 같은 몇 가지 문제점을 잘 파악해서 보상계획을 짜야 할 것이다 (Steers & Black, 1994:224).

첫째, 집단 대신 개인에게 보상을 주면 구성원 상호간에 경쟁이 과열될 수 있다.

둘째, 개인보상 시스템이 잘 움직이려면 조직 구성원이 서로 믿고 협조하는 분위기를 만들어야 한다.

셋째, 개인보상의 경우 개인은 더 많은 보상을 받기 위해서 질보다는 양을 우선으로 생각할 가능성이 있기 때문에 개인보상은 제품과 서비스의 질을 저하시킬 수 있다.

넷째, 노동조합은 개인보상을 반대하는 경우가 많기 때문에, 노동조합이 강력한 곳에서는 개인보상이 노사협상의 걸림돌이 될 수 있다.

제 2 부

조직 내 집단차원의 변수

6장 집단 · 팀 · 집단역학[6)]

I. 집단

집단은 지각 · 동기부여 · 조직 · 상호의존 · 상호교류 측면에서 정의할 수 있지만 이 책에서는 집단을 "특정한 목적을 달성하기 위해서 함께 모인 상호교류하는 두 명 이상의 사람의 집합체"라고 정의하기로 한다. 즉 집단이란 상호교류하는 두 명 이상의 사람이 어떤 목적을 달성하기 위해서 모인 집합체라는 것이다. 집단에 대한 이 정의에서 가장 중요한 것은 '상호교류'라는 말일 것이다. 이 말은 집단구성원들이 서로 영향을 주고받으며 교류한다는 뜻이므로, 집단을 다른 집합체와 구분할 수 있는 근거는 '사람 사이에 상호교류가 가능한가'라고 할 수 있다. 따라서 두 사람이 물리적으로 아주 가깝다고 하더라도 상호교류하지 않는다면—즉 영향을 서로 주고받지 않는다면—그들은 집단이라고 할 수 없다. 또한 집단에 관한 정의에서 '상호교류'를 강조하는 것은 집단의 규모에도 제한이 있다는 사실을 알아둘 필요가 있다. 즉 집단이 집단으로서 활동하려면—즉 상호교류가 가능하려면—집단은 소규모여야 한다는 것을 의미한다. 지금까지 논의한 집단에 대한 정의는 구성원 사이의 '상호교류'와 영향의 교환이 가능한 '소규모' 집합체를 가정하고 내린 것이라고 할 수 있다.

그렇다면 사람들은 왜 집단에 들어가는 것일까? 모든 사람은 혼자 지내지 않고 누군가와 함께 지낸다. 왜 혼자 지내지 못하고 다른 사람과 함께 지내려고 하는 것일까? 거기에는 다음과 같은 이유가 있다.

---

6) 글쓴이가 2008년 9월에 출간한 '사회심리의 이해' 제10장 '집단 · 팀 · 집단역학' 가운데 '집단의사결정' 부분을 제외한 내용을 제6장에 그대로 전재하였다.

1) 욕구 충족

사람에게는 집단 속에서만 충족시킬 수 있는 욕구가 있기 때문에, 사람은 욕구충족을 위해서 집단에 가입하는 경우가 많다. 예를 들어서 사람은 혼자 있으면 정신적으로나 육체적으로 불안감을 느끼지만, 여럿이서 집단을 만들면 혼자 있을 때 생기는 근원적인 불안감을 줄일 수 있다. 또한 친교·존경·애정 같은 사회적 욕구는 혼자서는 절대로 충족시킬 수 없으며 여럿이 모여 있는 집단 속에서만 충족시킬 수 있다. 따라서 사람은 불안에서 벗어나고 싶은 욕구와 사회적 욕구를 충족시키기 위해서 집단에 가입하게 된다.

2) 가까이 있음과 좋아하기

사람 사이의 교류에서 중요한 것은 가까움(근접성)과 좋아함(호감)이다. '가까움'이란 사람 사이의 물리적 거리가 가깝다는 것이고, '좋아함'이란 정신적·육체적 비슷함 때문에 상대방에게 가지게 되는 감정이다. 사람은 누군가와 가까이 있고, 누군가를 좋아하게 되면 집단을 쉽게 만들 수 있다.

3) 목표

사람은 어떤 집단이 추구하는 목표가 마음에 들 때 집단에 가입한다. 우리는 어떤 집단이 추구하는 목표가 자신이 지향하는 바와 일치하거나 비슷하다고 느낄 때 그 집단을 좋아하게 되고 가입하게 된다. 시민단체나 환경단체에서 회원을 모집하는 경우 많은 사람은 각 단체가 지향하는 목표와 자신의 목표를 비교해 보고 공통점이 많은 단체에 가입하게 될 것이다.

4) 신분상승과 자존심 강화

우리는 남들이 매우 좋게 생각하는 어떤 집단에 들어가면 인정도 받은 것 같고 신분도 상승된 것 같은 느낌을 갖게 된다. 그리고 그 집단 속에서 자기 자신이 가치 있는 사람이라는 생각도 가지게 되므로 자존심도 높아질 수 있다. 이처럼 사람은 신분상승과 자존심 강화를 이유로 집단에 가입하기도 한다.

5) 권력강화와 경제적 이익증진

사람은 혼자보다는 여럿이 있을 때 강한 힘을 가지게 된다. 자본가 앞에서 노동자 개인은 약자일 수밖에 없지만 노동조합 같은 권익 보호단체의 깃발 아래 모이게 되면 강한 힘을 가지게 되고 그 결과로 개인으로는 누릴 수 없는 경제적 이익도 챙기게 된다. 그래서 사람은 혼자이기보다는 집단을 만들어 자신의 힘과 권력을 강화하고, 경제적 이익을 높이려고 노력한다.

6) 상호이익 증진

세상에는 혼자서는 할 수 없는 일이 있게 마련이다. 혼자서 할 수 없는 일은 여럿이 모여서 지식・노력・자원을 같이 활용해야만 마칠 수 있다. 혼자서는 할 수 없기 때문에 집단에 가입하는 사람은, 집단을 통해서 자신이 원하는 것을 할 수 있으므로, 집단은 다른 사람의 협조와 참여가 필요한 모든 사람에게는 이익이 된다.

II. 팀

1. 집단과 팀의 비교

팀은 구체적인 목표 달성을 위해서 정기적으로 상호교류하면서 작업과정을 조정하는 2명 이상 20명 이하의 사람으로 구성된 모임이라고 정의할 수 있다. 따라서 이 정의에 따르면 팀에는 세 가지요소가 있음을 알 수 있다. 즉 팀에는 2명 이상 20명 이하의 구성원이 있어야 하며, 이들은 정기적으로 상호교류해야 하고, 또한 팀은 성과달성이라는 공동의 목표를 추구해야 한다는 것이다.

그렇다면 집단과 팀은 어떻게 다른가? 한 가지 확실한 것은 모든 팀은 집단이지만, 모든 집단이 팀은 아니라는 점이다. 그렇다면 집단에서 팀을 구분할 수 있는 근거는 무엇일까? 집단과 팀의 차이점을 구체적으로 비교해 보면 다음과 같다 (Daft & Noe, 2001: 271; Robbins, 1998: 287).

첫째, 집단과 조직의 목표가 일치할 때 집단의 목표가 정보공유라면 팀의 목표는 공동성과가 된다. 또한 팀은 조직의 목표에서 벗어나지 않는 범위 내에서 팀 특유의 비전과 목표를 가질 수 있다.

둘째, 집단에서는 상승효과가 없거나 부정적인 상승효과가 나타나는 반면에 팀에서는 긍정적 상승효과를 기대할 수 있다.

셋째, 팀에서는 상호보완적인 기능이 필요하다면, 집단에서는 상호관련이 없는 무작위적인 기능이 필요하다.

넷째, 집단에서는 구성원 개인에게 책임이 부과된다면 팀에서는 개인과 구성원 모두에게 책임이 부과된다.

다섯째, 정해진 리더가 집단의 구성원들을 통솔하고 지휘한다면, 팀에는 정해진 리더가 없고 구성원들이 돌아가면서 리더의 역할을 담당한다.

<표 1> 집단과 팀의 차이

	집단	팀
기대하는 목표	정보공유	공동성과
조직목표와 일치여부	집단과 조직의 목표 일치함	독특하면서도 구체적인 팀의 비전과목표가 있음
상승효과	기대할 수 없거나 부정적임	긍정적 효과 기대할 수 있음
필요한 기능	상호보완적 기능	상호관련 없는 무작위적인 기능
책임의 소재	개인 책임	개인 및 공동 책임
리더십	지정된 리더가 있음	리더가 없음(리더역할 공유)
최종적 산물	개인적 산물	공동의 산물
모임의 성격	효율성 추구	자유토론과 문제해결 방식 추구
결과의 측정	순이익·생산성 등의 변수를 사용하여 간접적으로 측정함	공동작업을 직접적으로 측정함
작업의 배분	각 개인에게 작업을 배분함	팀 구성원들이 작업을 공동 배분함

2. 효과적인 팀의 특징

효과적인 팀은 목적 · 커뮤니케이션 · 의사결정 · 리더십 등 여러 면에서 다음과 같은 특징을 가지고 있다(Kreitner and Kinicki, 2001: 418; Nelson & Quick, 2000: 282).

1) 명확한 목적

팀의 목적이 명확해야 한다. 팀이 구성원에게 확실한 비전과 명확한 목적을 제시할 때 구성원의 팀에 대한 관심이 높아진다.

2) 개방적 커뮤니케이션

팀 구성원 사이의 솔직한 커뮤니케이션이 필요하다. 상호보완적인 기능과 기술을 가진 사람이 모여 있기 때문에 각자가 해야 할 일과 도울 일에 대한 솔직한 태도와 개방적 의사표현은 팀의 성패를 좌우할 수 있다.

3) 경청하기

공동의 목표를 추구하고 책임을 공동으로 부담하는 팀의 성격상 구성원 사이의 이해와 배려가 필수적인데, 이해와 배려는 상대방이 하는 말을 경청하는 데서 나온다.

4) 반대의견 포용하기(civilized disagreement)

팀 내에 반대의견이 있을 수 있다는 사실을 인정하고, 의견 차이 때문에 생기는 갈등을 피하거나 억누르기보다는 반대의견을 가진 사람을 이해하고 배려함으로써 합의를 이끌어낸다.

5) 스스럼없이 대하기

수시로 상호교류하는 팀의 성격상 구성원들은 서로 스스럼없이 지내야 한다. 이러한 비공식적인 팀 분위기는 앞에서 설명한 개방적 커뮤니케이션과 밀접하게 관련되어 있다.

6) 구성원의 자발적 참여

팀 구성원들의 자발적인 참여가 필요하다. 가장 흔한 형태의 팀은 자체관리팀(self-managed team or self-directed team)인데, 이 형태의 팀에서 구성원의 적극적이고 자발적인 참여는 팀의 발전에 필수적이다.

7) 합의를 바탕으로 한 의사결정

구성원의 적극적 참여를 이끌어내기 위해서는 힘 있는 일부 구성원이 결정을 주도하거나 다수결로 결정하는 일이 없도록 해야 하며, 가능하다면 전원 합의에 따라 의사결정을 하는 것이 좋다.

8) 역할과 과업의 명확한 배분

팀에는 상호보완적인 기능과 다양한 기술을 가진 사람이 모여 있으므로 맡은 역할과 과업에 대해서 명확하게 알려주어야 한다. 팀의 성과에 대해서 구성원 모두가 공동책임을 지기 때문에 앞에서 설명한 사회적 태만(social loafing), 무임승차(free-rider), 구성원 상호간 불신과 오해와 같은 부정적 현상이 나타나기 쉽다. 구성원 각자의 역할과 과업을 명확하게 하면 이러한 일을 막을 수 있다.

9) 돌아가면서 나누어 맡는 리더십

미리 정해놓은 강력한 리더가 있는지 없는지는 집단과 팀을 구분하는 주요한 근거가 된다. 팀은 성격상 구성원이 리더의 역할을 돌아가면서(rotate), 나누어 맡는(shared leadership) 경우가 많기 때문에 효과적인 팀이 되기 위해서는 리더십을 구성원들이 돌아가면서 나누어서 맡을 필요가 있다.

10) 외부 관계

자체관리팀(self-managed team or self-directed team)처럼 대부분의 팀은 스스로 모든 것을 선택하고 결정해야 한다. 따라서 팀은 스스로 움직이기 위해서라도 조직 내외의 주요인물과 돈독한 관계를 가져야 하며, 그래야만 그들로부터 필요한 지원을 받을 수 있다. 특히 조직 내 다른 분야에 있는 사람의 믿음을 얻는 데 오랜 기간 동안 많은 노력을 해야 한다.

11) 다양한 구성원

팀 구성원의 행동스타일은 획일적이기보다는 다양한 것이 좋다. 예를 들어서 목표달성 그 자체를 중시하는 사람과 달성과정의 효율성을 강조하는 사람은 스타일 면에서 대조적인데, 팀에는 두 사람 모두가 필요하다는 것이다. 또한 팀의 업무수행 방식에 긍정적인 평가를 하는 사람도 필요하지만, 진행과정을 자주 비판하고 의문을 제기하는 사람도 필요한데, 이런 사람이 있어야 집단사고와 같은 집단의사결정의 부작용을 막을 수가 있기 때문이다.

12) 자체평가

팀은 스스로 움직이는 경우가 많기 때문에 구성원들은 주기적으로 자신이 얼마나 잘 하고 있는가를 스스로 평가하고, 평가가 부정적이라면 팀의 유효성을 개선할 수 있는 방안에 대해서 자체적으로 논의해야 한다.

3. 효과적인 팀 리더의 조건

위에 적은 바와 같이 팀은 집단과 많이 다르기 때문에 효과적인 팀 리더가 될 수 있는 조건도 일반 집단이나 조직의 리더가 갖추어야 할 조건과는 다를 수도 있다. 다음은 높은 성과를 달성하는 팀을 이끌어 나가는 데 필요한 리더가 갖추어야 할 조건을 설명한 것이다 (Daft & Noe, 2001: 409).

1) 팀 리더는 구성원이 자신보다 모르는 것이 많기 때문에 그들을 가르쳐 가면서 이끌어 나가야겠다는 생각을 버려야 한다. 즉 자신이 구성원보다 모를 수 있다는 사실을 인정하고 그 사실에 대해서 신경을 쓰지 말고 편안하게 생각해야 한다.

2) 팀 리더는 구성원을 진심으로 아끼고 돌봐야겠다는 마음을 가져야 한다.

3) 팀 리더는 구성원과 커뮤니케이션을 효과적이면서도 효율적으로 할 줄 알아야 한다. 커뮤니케이션이 효과적이란 말은 자신의 메시지를 올바르게 전달하고 상대방의 메시지를 정확하게 알아들을 수 있어야 한다는 뜻이고, 효율적이란 말은 자신의 뜻을 알리는데 바친 노력보다 훨씬 많은 것을 구성원으로부터 받을 수 있어야 한다는 것을 뜻한다.

4) 팀 리더는 자신이 가지고 있는 파워가 약해질 수 있다는 사실을 인정하고, 팀 구성원과 파워를 나누어 가지려는 노력을 해야 한다.

5) 팀 리더는 가치와 목표를 구성원과 나누어 가져야 한다. 효과적인 팀은 리더와 구성원인 같은 목표와 가치를 추구해야 하며, 팀과 운명을 같이 한다는 헌신의 마음과 공동체의식을 가지고 있어야 한다.

III. 집단역학

집단역학(集團力學 group dynamics)은 집단 속에서 일어나는 집단 구성원 사이의 역학작용을 말하며, 집단 구성원 사이의 상호영향 관계를 집중적으로 다루는 개념이다. 더 구체적으로 말하자면 집단역학은 집단이 개인의 판단과 행동에 어떤 영향을 미치는가에 큰 관심을 가지고 있으며, 혼자 있을 때가 아니라 다른 사람과 같이 있을 때 사람의 판단과 행동이 어떻게 달라지는가를 다루는 분야라고 할 수 있다.

1. 집단이 개인의 판단에 미치는 영향

집단은 개인의 판단에 큰 영향을 미친다. 대학에 들어와서 처음 수강신청을 한다고 가정해 보자. 수강신청 절차도 잘 모를 뿐 아니라 무슨 과목을 신청해야 할 지 잘 모르는 상황에서, 어떤 과목을 신청할 것인가를 우리 혼자서 결정할 수 있을까? 이때 우리는 보통 어떻게 하는가? 이 의문에 대한 답은 우리들 속에 있는 것이 아니라 우리가 속해 있는 집단 속에 있다고 봐야 한다. 이런 상황에서 우리가 가장 쉽게 할 수 있는 행동은 주변 사람, 즉 우리가 속해 있는 집단의 사람에게 묻는 것이기 때문이다.

1) 사회적 증거 (social evidence)

앞에서 예를 든 수강신청의 경우와 같이 상황을 올바르게 파악하기 어려울 때 다른 사람의 의견이 우리가 판단을 내리는 데 결정적 역할을 한다. 상황이 매우 불확실하고 모호할 때 우리는 다른 사람의 생각을 '사회적 증거'로 삼아서 생각하고 판단하는 경우가 많다. 특히 그 '다른 사람'이 우리와 매우 비슷하고 믿을만한 선배・후배・친구 같은 사람이라면, 그 사람의 생각과 판단을 매우 중요한 기준으로 활용하게 된다. 남의 생각과 판단을 사회적 증거로 이용하는 경우 우리는 그것을 중요한 기준으로 활용하기는 하지만, 생각과 판단하는 주체는 우리 자신이다.

2) 닻내리기 (social anchoring)

정확한 상황을 파악하기가 아주 힘들어서 우리 자신의 판단을 믿을 수 없을 때, 우리와 비슷한 다른 사람의 판단과 행동이 우리의 판단과 행동에 큰 영향을 미친다. 어떤 경우에는 우리의 판단을 다른 사람에게 완전히 맡기는 행동을 하기도 한다. 이와 같이 사람・사물・사건에 대해서 판단을 해야 하는데 판단의 근거로 삼을만한 것이 없을 때 또는 있더라도 매우 모호할 때, 비슷한 사람・사물・사건에서 분명한 단서나 정보를 얻을 수 있다면 우리는 그것을 기준으로 삼아 판단하게 되는데 이것을 '닻내리기'라고 한다. 배가 닻을 내리면 닻 줄이 닿는 범위 내에서만 조금씩 돌게 되어 있는데, 사람·사물·사건이 주는 단서나 정보도 닻과 같은 역할을 하고, 우리의 판단도 그 범위 내에서 맴돌게 되는 것이다.

3) 사회적 증거와 닻내리기의 차이

사회적 증거와 닻내리기 사이에는 미묘한 차이가 있지만, 그 차이는 매우 중요하다.

우리가 남의 생각을 증거로서 사용할 때, 자신의 생각이 어떤지를 알고 있을 뿐 아니라 우리와 남의 생각 차이를 최소화하려고 노력한다. 우리와 남의 차이도 알고 있고, 이 차이가 어디에서 오는지도 알고 있기 때문에 궁극적인 판단은 우리가 한다.

닻내리기는 우리도 모르게 영향을 미치기 때문에, 우리는 남의 존재가 자신의 판단에 얼마나 큰 영향을 미치는지 잘 모를 때가 많다. 제7장에서 설명한 방관자의 무관심(bystander apathy) 같은 경우 사람은 다른 사람이 주변에 있으면 그 사람의 판단과 행동에 의지해서 상황을 판단하기 때문에 실제 비상상황인데도 비상상황이 아니라고 판단하게 된다. 다른 사람에게 판단을 맡기고 그 사람의 판단을 그대로 따라 한다는 점에서, 사실상 남이 판단을 내려준다고 할 수 있다.

2. 집단이 개인의 행동에 미치는 영향

집단은 개인의 행동에도 엄청난 영향을 미친다. 많은 대학생이 시험 기간 중에 학교 도서관에서 공부한다. 혼자 공부하면 게으름필 수도 있겠지만, 도서관에서 다른 학생이 공부하는 모습을 보고 있으면 자신도 모르는 사이에 경쟁심이 생기기 때문이다. 또 수영선수가 혼자 연습할 때는 절대로 도달하지 못하던 기록을 시합에서는 깨버리는 경우가 있는데, 이것도 다른 선수가 이 선수의 경쟁심을 자극하기 때문일 것이다. 그러나 다른 사람이 같이 있다는 것이 항상 좋은 것만은 아니다. 초등학교에서 칠판 닦는 일을 한 사람에게만 시키는 경우와 여러 사람에게 시키는 경우를 생각해 보라. 여러 사람에게 일을 시키면 책임분산 때문에 무임승차(free-rider)나 사회적 태만(social loafing)이라는 현상이 발생할 수 있다. 이와 같이 집단은 개인행동을 촉진할 수도 있고 억제할 수도 있는 것이다.

1) 사회적 억제 (social inhibition)

사람은 혼자 있을 때 보다 집단으로 행동할 때 노력을 덜 하는 경향이 있는데, 이것은 남의 존재가 개인행동을 억제하는 현상이므로 이것을 사회적 억제라고 부른다. 사회적 억제에는 사회적 태만, 구실만들기, 동조압력의 세 가지 형태가 있다 (Northcraft & Neale, 1990: 298).

(1) 사회적 태만(social loafing)

집단 속에서 개인이 노력을 덜 하는 첫 번째 이유는 책임분산(diffusion of responsibility) 때문이다. 집단 속에서 남과 함께 행동하면 개인의 책임은 없어지고 집단의 책임만 남게 되며, 집단 속에서 개인의 책임은 사람의 수만큼 분산되기 마련이다. 따라서 혼자 있을 때보다 집단 속에 있을 때, 특히 집단이 수가 많을 때, 사람들은 훨씬 더 게을러지기 쉽다. 책임분산에 따른 사회적 태만이라는 현상이 생기는 것을 막으려면 집단구성원 각자에게 자신의 책임이 무엇인지를 분명히 알려주어야 하며, 맡은 바 책임을 다했는지 확인도 해봐야 한다. 또 집단이 의미있고, 복잡하며, 흥미로운 일을 수행할 때는 사회적 태만이라는 현상이 잘 나타나지 않는다. 하고 있는 일이 중요하고, 재미있으며, 꽤나 복잡하다면 게으름피우는 사람보다는 열심히 하는 사람이 항상 더 많다는 것이 대부분의 동기부여이론이 설명하고 있는 보편적인 현상이기 때문이다.

사회적 태만이 생기는 또 다른 원인은 기대-가치이론(expectancy value

theory)에서 찾을 수 있다 (Taylor, 2003: 300). 이 이론에 따르면 사람이 집단 속에서 얼마나 열심히 일하는가는 ① 집단이 성공하는 데 자신의 역할이 매우 중요하다는 기대와 믿음 ② 집단의 성공에 부여하는 가치 등 두 가지 요인의 영향을 받는다고 한다.

기대-가치 이론은 우리가 집단의 성공이 별로 중요한 일이 아니라고 판단한다면 사회적 태만이라는 현상이 일어난다고 예측하고 있다. 집단의 역할에 큰 가치를 두지 않는데다, 혼자 노력해 봐야 소용이 없다고 판단한다면 어느 누구도 일을 열심히 하지 않을 것이다. 이 이론은 또 다른 각도에서 사회적 변상(辨償 compensation)이라는 현상도 예측하고 있다. 집단의 성공이 자신에게 매우 가치 있는 일인데도, 동료들은 믿을 수 없고, 게으르며, 무능하다고 판단한다면, 우리는 틀림없이 매우 열심히 일하게 될 것이다. 자신에게는 매우 중요한 일인데도 남들은 전혀 열심히 하지 않는다면, 우선 우리라도 더 열심히 해야겠다는 생각이 들 것이기 때문이다.

이와 같이 기대-가치 이론은 사회적 태만과 사회적 변상이라는 두 가지 상반된 현상을 위에 적은 두 가지 요인으로 설명하고 있다. 즉, 우리가 아무리 노력해도 아무도 그 노력을 알아주지 않을 것이고, 동료들은 워낙 게으르고 무능해서 그 노력은 결국 쓸모없는 것이 될 것이며, 결과가 잘못되더라고 그것은 혼자만의 책임이 아니라고 판단하게 된다면, 사회적 태만이라는 부정적 현상이 나타나고, 동료들은 일을 제대로 하지 못하지만 집단의 공과 역할이 매우 중요하다고 판단한다면, 자신이라도 열심히 해야겠다는 사회적 변상이라는 현상이 나타난다는 것이다.

(2) 구실만들기 (self-handicapping)

구실만들기는 실패할 때 인상을 관리하기 위한 방법이다. 사람은 어떤 일에 실패하면 그 실패를 설명할 수 있는 외부 상황요인에 주의를 돌림으로써 위신을 지키려고 한다. 귀인의 할인원리에 따르면 행동을 일으키는 원인이 많으면 많을수록 각 원인의 역할은 할인되기 때문에 다른 사람이 자신을 부정적으로 평가하지 않게 된다. 즉 실패가 능력부족 탓이라는 내부귀인은 다른 원인—핸디캡—이 존재할 때 할인된다고 할 수 있다.

구실만들기는 어쩔 수 없이 실패했을 때 그 실패를 능력부족이 아니라 다른 상황요인—핸디캡—에 귀인할 때 사용하는 방법이지만, 다른 핸디캡이 없는데도 자신이 핸디캡을 가지고 있다고 주장하여 자신의 이미지를 보호하려고 할 때도 쓸 수 있는 방법이다.

구실만들기가 조직이나 집단 내에서 보편적인 현상이 되면 구성원이 일을 형편없이 못하더라도 전혀 문제가 되지 않을 것이며, 구실만들기라는 과정을 통해서 집단은 개인의 동기를 억제하고 노력을 덜하게 만드는 '사회적 억제'의 기능을 하는 것이다 (Northcraft & Neale, 1990: 299).

(3) 동조압력 (conformity pressure)

동조압력이란 사람이 집단 속에 있을 때 집단 내 다수의 행동이 틀린 줄 알면서도, 그 행동에 따르는 현상을 말한다(Asch, 1956). 그렇다면 자신의 행동이 옳고 남의 것은 틀린다는 사실을 알면서도 사람은 왜 남이 하는 대로 또는 시키는 대로 하는 것일까? 첫째, 집단 내에서 다수를 차지하는 다른 사람과 불필요한 갈등과 대립을 피하고 싶어 하기 때문이다. 많은 사람과 갈등하고 대립하는 것을 원하는 사람은 거의 없을 것이다. 둘째, 집단 내 다수의 행동과 다르게 행동하면 이단자로 몰리기 쉽기 때문이다. 최근에 '왕따현상'이 문제가 되고 있는데, 어떤 의미에서는 이것도 다수가 행동하는 방식을 따르지 않기 때문에—동조하지 않기 때문에—발생한다고도 볼 수 있다.

2) 사회적 촉진 (social facilitation)

다른 사람의 존재는 우리의 에너지 수준을 변하게 한다. 다른 사람이 곁에 있으면 우리 내부의 에너지 원천이 변해서 혼자 일할 때보다 여럿이 같이 일할 훨씬 더 열심히 일하는 경우가 많다. 앞에서 집에서 혼자 있을 때

보다 학교 도서관에서 여럿이 같이 있을 때 더 열심히 공부하고, 혼자 연습할 때보다 여럿이 경쟁하는 시합에서는 기록을 단축하는 일이 더 많다고 설명한 바 있는데, 이런 것이 바로 사회적 촉진의 좋은 예가 된다. 다른 사람이 우리의 경쟁심을 자극한다는 뜻에서, 사회적 촉진은 우리 내부의 에너지 원천에 변화가 생겨서 경쟁심이 발로되는 것이라고 설명할 수 있을 것이다. 그렇다면 다른 사람의 존재는 왜 우리의 에너지 수준을 변하게 만드는 것일까?

(1) Zajonc의 설명

다른 사람의 존재는 드라이브(drive)[7]와 동기(motivation)를 강하게 만든다. 강해진 드라이브와 동기는 사람을 각성(arousal 또는 흥분)하게 만들고, 높아진 각성상태는 익숙한 행동을 하는 상황에서는 쉽게 사회적 촉진으로 연결된다. 즉 높아진 각성상태는 지배적 반응(dominant response)—어떤 상황에서 나타날 가능성이 가장 높은 반응—을 필요로 하는 일을 할 때 매우 긍정적으로 작용한다. 아는 사람이 반갑다고 손을 내밀 때 같이 손을 내밀어 주는 행동은 오래 동안 배워서, 익숙하며, 그래서 지배적인 반응이고, 이런 지배적 반응이 필요한 상황에서는 남의 존재 때문에 높아진 각성상태는 긍정적으로 작용한다. 남 앞에서 하거나 또는 함께 하는 일이 오래 동안 학습했고, 타고났으며(innate), 그래서 지배적인 반응을 필요로 하는 상황에서는 사회적 촉진 현상이 나타나고, 제대로 학습하지 않았거나 고도의 지적 반응을 요구하는 경우에는 사회적 촉진보다는 사회적 억제 현상이 나타나기 쉽다. 각성의 증가는 지배적 반응을 필요로 하고, 각성이 증가할 때는 강하고 지배적인 반응을 수행하려는 경향도 증가한다. 따라서 드라이브와 동기를 강조하는 이 접근법에 따르면 어떤 상황에서 개인의 지배적 반응이 적절할 때는 사회적 촉진 현상이 나타나고, 부적절한 것일 때는 도리어 사회적 억

7) 드라이브(drive)를 추동(推動)으로 번역하기도 하는데, 아마도 '추진해 나아가기'라는 의미로 보인다.

제 현상이 나타나기도 한다(Zajonc, 1965).

이때 중요한 것은 과업의 유형이 사회적 촉진과 억제 가운데 어떤 것이 발생할 것인가를 결정하기 쉽다는 점이다. <그림 9>에서 보듯이, 과업이 학습(연습)하기 쉬운 단순한 것일 때는 학습의 결과인 '익숙한 행동'이 지배적 반응이 되기 때문에 사회적 촉진 현상이 나타나서 집단 속의 개인은 일을 더 열심히 하게 될 것이고, 집단성과는 올라갈 것이다. 그러나 과업이 학습하기 힘든 복잡한 것일 때는 '익숙하지 않은 행동'—연습하지 않은 행동–이 지배적 반응이 되기 때문에 강해진 에너지는 부정적으로 작용하여 사회적 억제 현상이 나타나 집단성과는 도리어 나빠지기 쉽다 (Zajonc, 1965).

<그림 9> 사회적 촉진과 사회적 억제

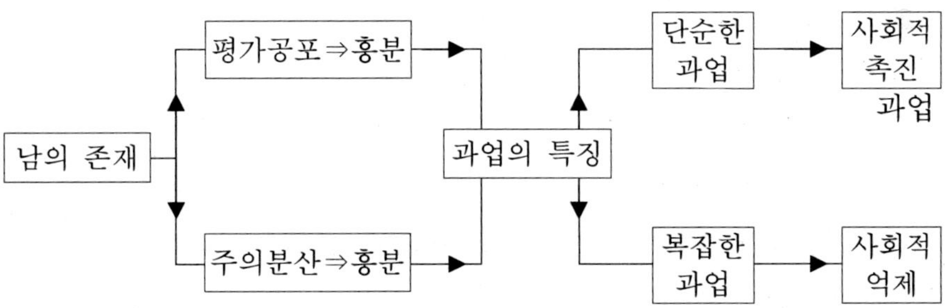

그렇다면 사회적 촉진은 다른 사람이 옆에 있기만 하면 나타나는 현상인가? 이 질문에 대한 답은 '아니오'가 될 것이다. 우리가 하는 일에 아무 관심 없는 사람은 옆에 있더라도, 이 사람이 존재한다는 이유 때문에 드라이브와 동기가 강해지지는 않을 것이기 때문이다. 우리는 누군가가 우리의 행동을 유심히 관찰하거나 평가한다고 느낄 때 신경을 쓰게 되고, 그 결과로 에너지 수준도 변하게 된다. 이와 같이 사회적 촉진은 "다른 사람이 우리를 어떻게 평가하는가"와 관련된 평가염려(evaluation apprehension)와 깊이 관련되어 있다 (Bond, 1982; Sanna and Shotland, 1990 참고문헌에 추가 이훈구). 바꾸어 말하자면 사회적 촉진은 공포와 걱정에서 유래하는 각성이나 홍분

과 관련이 있으며, 다른 사람의 존재는 실패와 그 실패에 대한 부정적인 평가를 두려워하는 공포심과 관련이 있다는 것이다. 다른 사람 때문에 촉발되는 에너지는 이러한 공포와 걱정에서 유래하는 각성 또는 홍분의 한 형태이며 이것이 경쟁심리의 원천이라고 할 수 있다.

(2) Baron의 주의분산-갈등 이론 (distraction-conflict theory)

이 이론에 따르면 다른 사람의 존재가 우리의 주의를 분산시켜서 각성 또는 홍분상태로 이끌고 간다는 설명이 가능하다. 다른 사람과 같이 일을 할 경우, 일에 열중하고 싶다는 생각과 또한 그 사람이 자꾸 신경이 쓰인다는 생각을 같이 하게 되는데, 이와 같은 두 가지 생각 사이에서 느끼는 갈등이 에너지를 넘치게 하는 각성 또는 홍분의 원천이라는 것이다. 즉 다른 사람의 존재는 우리 내부에 갈등을 일으키고, 이러한 갈등이 우리를 홍분상태로 몰고 가서 에너지 수준을 변화시킨다는 것이다 (Baron, 1985). 이러한 각성이나 홍분이 사회적 촉진으로 연결되려면 Zajonc의 설명과 같이 과업의 유형이 지배적 반응과 관련이 있어야 한다. 즉 집단으로 하는 일이 지배적 반응을 필요로 하는 경우에는 우리의 반응이 상황과 적절하게 맞을 때는 사회적 촉진이라는 현상이 나타난다. 그러나 일이 복잡하고 어려워서, 반응과 상황이 잘 맞지 않는 경우에는 다른 사람에게 신경을 쓰는 일과 복잡하고 어려운 일을 동시에 한다는 것이 우리의 처리능력을 벗어나는 일이기 때문에 사회적 억제라는 현상이 발생하기 쉽다.

두 가지 설명을 종합해 보면, 첫 번째 설명은 강해진 드라이브와 동기가 유발하는 각성 또는 홍분상태가 사회적 촉진의 주된 원인임을, 두 번째 설명은 홍분상태가 내부의 갈등 때문에 생긴다는 점을 강조하고 있다. 그러나 다른 사람의 존재가 우리를 일종의 홍분상태로 몰고 가서 내부 에너지 수준에 변화를 주고, 그것이 궁극적으로는 경쟁심리를 촉발한다는 점에서는 두 가지 모두 매우 비슷한 설명을 하고 있다는 사실을 알 수 있다.

앞에서도 설명했지만, 사회적 촉진은 집단 성과향상과 항상 연결되지는 않는다는 사실이다. 과업이 학습(연습)하기 쉬운 단순한 것일 때는 학습의 결과인 '익숙한 행동'이 지배적 반응이 되기 때문에 사회적 촉진에 따른 에너지 변화가 긍정적으로 작용하여 성과향상과 직접 연결될 것이다. 그러나 과업이 학습하기 힘든 복잡한 것일 때는 '익숙하지 않은 행동'—연습하지 않은 행동-이 지배적 반응이 되기 때문에 사회적 촉진에 따른 에너지는 도리어 부정적으로 작용하여 성과감소로 연결되기 쉽다 (Zajonc, 1965).

3) 비인간화(deindividuation)

가장 극단적인 형태의 책임분산이 현실로 나타나는 비인간화이다. 집단 속에서 개인이 정체성과 인간성을 완전히 상실하면, 사회적 촉진과 사회적 태만이 극단적으로 결합하여 비인간화라는 현상이 나타날 수 있다. 사회적 촉진에 따른 흥분과 사회적 억제에 따른 책임분산이 교묘하게 결합하여 나타나는 비인간화는 집단행동의 가장 어두운 측면이라고 할 수 있다.

비인간화라는 현상은 생기는 것일까? 집단 구성원의 정체성을 약화시키는 것은 어느 것이나 비인간화의 원인이 될 수 있다. 가면 · 어두움 · 유니폼 같은 것이 정체성을 약화시키는 것의 대표적인 예가 된다. 비인간화 과정에 있어서 정체성을 숨기고 이름을 알 수 없게 만드는 '익명성'은 매우 중요한 역할을 한다. 사람은 폭도나 갱 집단의 행동에서 집단만 생각하기 때문에 집단 속에서 활동하는 개인의 책임은 생각하지 않는다. 책임이 분산되기 때문이다.

미국의 인종차별주의자 단체인 KKK단은 흰색 가면을 쓰고 밤에만 활동한다. 제복을 입은 군인도 제복 속에다 자신의 정체성을 숨길 수 있다. 만약 전투에서 적을 죽여야 한다면, 적을 죽이는 행위를 하는 병사는 인간이 아니라 군인이라고 생각한다. 군인이나 KKK단원들이 입는 유니폼은 두 가지 역할을 한다. 유니폼은 앞에서 언급한 대로 개인의 정체성을 숨겨 주는 역할을 할 수 있다. 즉 유니폼 속에서 개인은 자신의 정체성을 숨기고 행동할 수 있다는 것이다. 유니폼이 할 수 있는 또 다른 역할은 유니폼을 입고

하는 행동이 개인이 행동이 아니라 집단구성원으로서 하는 행동이라는 사실을 집단 내외의 사람들에게 보여주는 것이다. 이와 같이 유니폼은 집단구성원의 비인간화와 상당한 관계가 있다는 사실을 알 수 있다.

그렇다면 비인간화는 항상 나쁜 것인가? 이 질문에 대한 답은 간단하지는 않지만 상황에 따라서 비인간화가 필요한 경우가 있다는 사실은 인정해야 한다. 인간사회에는 누구나 하기 싫어하는 더러운 일을 해야 하는 사람들이 있다. 적이지만 사람을 죽여야 하는 군인이나 사형을 집행하는 교도관들이 대표적인 예가 될 것이다. 이들은 자신이 하는 일—사람을 죽이는 일—이 개인으로서가 아니라 맡은 역할 때문에 할 수밖에 없다는 생각을 해야만 개인이 겪을 수밖에 없는 정신적, 육체적 책임을 면할 수 있고, 군인으로서 용감하게 적과 싸우고, 교도관으로서 의연하게 책임을 완수할 수 있을 것이다. 따라서 비인간화라는 집단행동의 어두운 측면은 인간사회에서 불가피하게 마주쳐야 하는 필요악과 같은 현상이라고 할 수도 있다 (Northcraft & Neale, 1990: 304-306).

7장 커뮤니케이션과 의사결정[8)]

I. 커뮤니케이션

커뮤니케이션은 개인이나 집단이 공동의 상징물을 이용하여 서로 정보를 교환하고, 이해하는 내용을 서로 나누어 가지는 과정이다. 제2장에서 설명한 지각(perception)이 주변환경이 제공하는 정보를 주의·구성·해석하여 의미를 부여하는 과정이라면, 정보를 교환하고 의미를 나누어 가지는 커뮤니케이션은 지각과정이라고 할 수 있다. 수신자는 발신자가 보내오는 정보에 의미를 부여하고 발신자는 (자신이 보낸 메시지에 대한) 수신자의 반응에 의미를 부여하기 때문이다. 우리가 주변에 있는 사람·사물·대상을 어떻게 지각하는가에 따라 행동변화가 일어나는 것처럼, 커뮤니케이션 과정도 우리의 행동에 영향을 미칠 수 있다.

1. 커뮤니케이션의 기능과 유형

개인이나 집단이 공동의 상징물을 이용하여 정보를 교환하는 과정인 커뮤니케이션은 다음과 같은 기능을 수행한다.

---

8) 이 장은 글쓴이의 '새조직이론' (2001년 2월 출간) 제9장과 제10장, '현대조직론' (2003년 4월 출간) 제8장과 제9장, '조직행동론' (2005년 4월 출간) 9장과 10장, 글쓴이와 박노율이 함께 저술한 '조직과 인간행동' (2007년 4월 출간)의 7장과 8장에 있는 커뮤니케이션과 의사결정에 대한 내용을 종합하여, 글쓴이가 새롭게 편집하였다.

1) 커뮤니케이션의 기능

커뮤니케이션은 정보의 전달과 교환, 감정과 정서의 표현, 조직구성원 행동의 통제, 동기부여 촉진, 효과적인 리더십 발휘와 같은 기능을 수행한다(이창원 · 최창현, 1997: 321; Moorhead & Griffin, 1995:352; Steers & Black, 1994:436).

(1) 커뮤니케이션은 조직구성원에게 정보를 전달 · 교환하는 기능을 한다.

(2) 커뮤니케이션을 통해 자신의 감정과 정서를 표현하고, 사회적 욕구를 충족시킬 수 있다.

(3) 커뮤니케이션은 조직 내 업무를 통제 · 조정하여 조직구조를 유지 · 강화하는 역할을 한다.

(4) 커뮤니케이션은 직무와 직무수행 상황에 대한 피드백을 제공하여 구성원의 동기부여를 촉진할 수 있다.

(5) 리더십은 부하가 리더를 받아들일 때 제 역할을 할 수 있는데, 이 과정에서 리더-부하 사이의 커뮤니케이션은 필수적이다.

2) 커뮤니케이션의 유형

커뮤니케이션은 공식적 경로를 활용하는가, 말이나 글을 사용하는가, 어느 방향으로 움직이는가에 따라 다음과 같이 세 가지 유형으로 구분할 수 있다.

(1) 공식적 커뮤니케이션과 비공식적 커뮤니케이션

공식적 커뮤니케이션은 메시지가 조직 내 공식적 경로를 통해 움직이는 것으로 주로 수직적인 형태를 띤다.

비공식적 커뮤니케이션은 조직 내 공식적 경로를 통하지 않기 때문에 수직적, 수평적, 대각선 등 어느 방향으로도 진행될 수 있다. 조직의 공식적인 통제 밖에서 이루어지는 비공식적 커뮤니케이션은 조직 내 특정집단의 이익을 대변하는 등의 부정적 측면이 있기는 하지만, 구성원이 비공식적 경로 전달되는 정보를 더 신뢰하는 긍정적 측면도 있다

(2) 언어적(verbal) 커뮤니케이션과 비언어적(non-verbal) 커뮤니케이션

언어적 커뮤니케이션은 말을 사용하는 구두커뮤니케이션과 글이라는 매체를 사용하는 문서커뮤니케이션으로 나눌 수 있다.

말과 글이 아닌 방법으로 메시지를 전달하는 비언어적 커뮤니케이션에는 보디랭귀지(body language)라고 부르는 신체의 일부를 이용하는 방법과 사무실 공간설계나 건물구조 같은 주변상황을 이용하는 방법이 있다.

(3) 방향에 따른 구분

메시지가 움직이는 방향에 따라 하향·상향·수평·대각선 커뮤니케이션으로 나눌 수 있는데, 하향(downward) 커뮤니케이션에서는 메시지가 아래로, 상향(upward) 커뮤니케이션에서는 위로, 수평적(horizontal) 커뮤니케이션에서는 동료나 동급 부서 사이를 움직이다. 대각선(lateral) 커뮤니케이션은 부서와 계층을 가로질러 이루어지는 커뮤니케이션이다. 이것은 하향·상향·수평적 방법 가운데 어느 것도 가능하지 않거나 효과적이지 않을 때 쓰인다.

2. 커뮤니케이션 과정과 커뮤니케이션 네트웍

1) 커뮤니케이션 과정

커뮤니케이션은 <그림 10>에서 보는 바와 같이 발신자의 메시지가 수신자에게 전해지는 과정이라고 할 수 있다.

<그림 10> 커뮤니케이션 과정

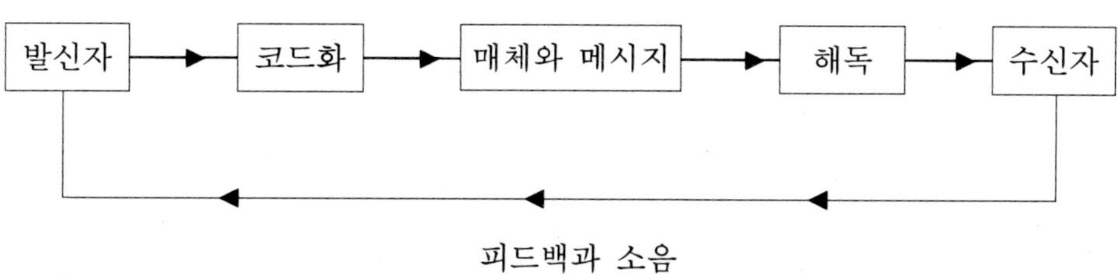

(1) 발신자(communicator)는 메시지를 전달하려고 커뮤니케이션과정을 시작하는 사람이다.

(2) 코드화(encoding)는 정보・생각・감정・이해하고 있는 내용 등을 의미 전달이 가능한 상징물로 바꾸는 것이다.

(3) 메시지(message)는 코드화의 결과물이며, 매체(medium) 혹은 채널(channel)은 메시지 전달수단이다.

(4) 해독(decoding)은 메시지를 해석 가능한 의미로 바꾸는 과정이다.

(5) 수신자(receiver)는 메시지를 받는 사람이다.

(6) 피드백(feedback)은 발신자의 메시지에 대한 수신자의 반응이며, 소음(noise)은 커뮤니케이션 과정에서 발생할 수 있는 오류나 부정확함을 뜻한다.

2) 커뮤니케이션 네트웍

커뮤니케이션 네크웍은 정보와 메시지가 움직이는 의사소통 방식(패턴)을 말하는데, <그림 11>에서 보는 바와 같은 다섯 유형으로 나눌 수 있다 (Daft & Steers, 1986; Moorhead & Griffin, 1995: 360-361; Robbins, 1998:316-317; Steers & Black, 1994:451-453).

(1) 바퀴형 (wheel network)

커뮤니케이션이 집단의 책임자와 구성원 사이에는 활발하지만, 구성원 사이에서는 가능하지 않다.

(2) 연쇄형 또는 체인형 (chain network)

군대와 같이 수직적으로 편성된 조직에서 흔히 볼 수 있는 이 유형의 커뮤니케이션 상황에서 사람은 차상급직과 차하급직에 있는 사람하고만 커뮤니케이션을 할 수 있다.

(3) 원형 (circle network)

각 구성원은 자신의 양 옆에 있는 사람하고만 커뮤니케이션을 할 수 있다.

(4) Y자형

집단 내에 책임자나 리더는 없더라도 다수의 구성원을 대표하는 영향력이 있는 사람이 있는 경우에 나타나는 네트워이다.

(5) 개방형 또는 전방향형 (全方向型 all-channel network)

이 네트워은 공식적 구조와 리더도 없고 과업조차 없는 비공식적 집단에서 흔히 발견되는데, 집단 내 모든 구성원 사이의 커뮤니케이션이 가능한 유형이다.

<그림 11> 커뮤니케이션 네트웍

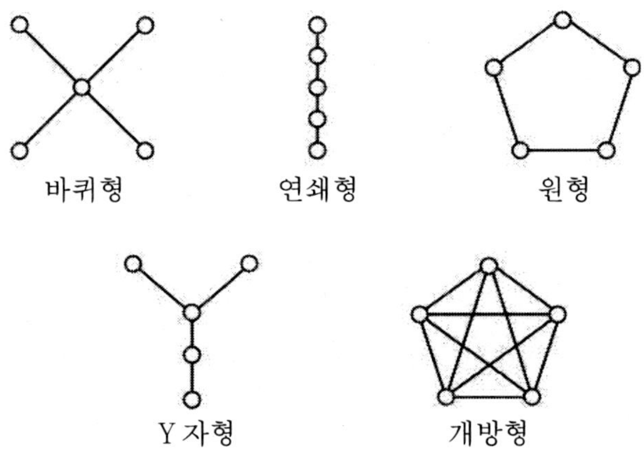

3. 효과적인 커뮤니케이션

1) 효과적인 커뮤니케이션에 영향을 미치는 요인

커뮤니케이션에 영향을 미치는 요인에는 여러 가지가 있겠지만, 다음과 같은 아홉 가지 요인이 중요하다고 할 수 있다.

(1) 개방성과 자신감

개방성은 자신의 생각·감정·동기·아이디어 등을 완전하게 열어 놓을 수 있는 자세를 말하는데, 발신자와 수신자가 서로를 믿으려면 양쪽 모두

마음을 열어 놓을 필요가 있다.

자신감은 효과적인 커뮤니케이션을 할 때 매우 중요하다. 시간과 노력의 부족 때문에 준비를 제대로 못해서 자신감을 잃은 사람은 알고 있는 것도 제대로 전달하지 못하는 경우가 많다.

(2) 이해심을 가지고 경청하기

수신자는 발신자의 메시지를 그냥 듣는 것만으로는 안되고 발신자의 입장에서 이해심을 가지고 경청해야 한다.

(3) 비언어적 커뮤니케이션의 활용

제스처와 얼굴표정 같이 말이 아닌 비언어적 커뮤니케이션 수단을 많이 활용하면 효과적인 커뮤니케이션을 할 수 있다.

(4) 피드백

메시지가 얼마나 잘 전달되었는가를 알려주는 피드백은 수신자가 발신자의 의도를 아는지를 알려주는 내용을 담고 있어야 효과적이다.

(5) 조직설계

직무를 어떻게 묶는가와 관련된 (제10장에서 설명할) 부문화(departmentation) 같은 기법을 이용해서 어떻게 조직을 설계하는가에 따라 커뮤니케이션의 형태가 바뀌고, 그 효과도 달라질 수 있다.

(6) 커뮤니케이션 스타일

효과적인 커뮤니케이션에 매우 중요한 커뮤니케이션 스타일은 '개방성'과 '피드백 주기'에 따라 다음과 같은 다섯 가지 유형으로 나눌 수 있다.

① 자기거부형(self-denying)은 자신의 마음을 열지도 않고 남의 말에 반응도 잘 하지 않는 스타일이다.

② 자기보호형(self-protecting)은 다른 사람에게 피드백을 잘 주기는 하지만, 자신의 마음을 여는 개방성은 낮은 스타일이다.

③ 자기노출형(self-exposing)은 개방성은 높지만 다른 사람의 피드백에 대해서는 별로 관심이 스타일이다.

④ 자기홍정형(self-bargaining)은 개방성도 중간, 피드백도 중간 정도만 주는 중간형 스타일이다.

⑤ 자기실현형(self-actualizing)은 개방성도 높고 피드백도 잘 주는 스타일이다.

(7) 정보충실도(information richness) 또는 매체충실도(medium richness)

매체에 실려서 전달되는 정보의 양을 뜻하는 정보충실도(information richness) 또는 매체충실도(medium richness)는 커뮤니케이션에 매우 중요한 요소이다(Daft and Lengel, 1984). 얼굴을 마주 대하는 커뮤니케이션과 편지나 이메일로 하는 커뮤니케이션 가운데 어떤 것이 더 많은 양의 정보를 전할 수 있는지 생각해 보라. 직접 만나서 대화를 나누다 보면 얼굴표정이나 몸짓 같은 것을 통해서 상대방이 전하려는 메시지를 빨리 알아차릴 수 있을 것이다.

2) 효과적 커뮤니케이션 과정의 장애물

커뮤니케이션 과정의 문제가 생기면 왜곡, 누락, 정보과중, 수용거부 같은 장애가 일어날 수 있다 (Gibson et. al., 1994:587-593; Hall, 1991:177-179; Steer & Black, 1994: 454-457).

(1) 왜곡

왜곡은 발신자의 메시지가 수신자에게 올바르게 전달되지 않는 현상이다. 커뮤니케이션 과정에서 왜곡은 경험세계의 차이, 선택적 경청, 잘못된 해석, 가치관과 신분의 차이, 시간에 쫓기는 상황 때문에 발생한다.

(2) 누락

누락은 메시지의 일부가 여과되어 빠져버리는 상황에서 발생한다. 누락 상황에서 수신자는 메시지의 전체 내용을 파악할 수가 없고 단지 일부만을 받아들이게 된다.

(3) 정보 과중(overload)

수신자가 처리할 수 있는 능력 밖의 많은 양의 정보를 제공하면 정보과중 현상이 발생한다.

(4) 수용거부

수신자가 발신자를 믿지 않으면, 메시지를 받는 일 자체를 거부하는 현상이 발생할 수 있다.

(5) 전달시기

발신자의 메시지는 수신자가 잘 이해할 수 있는 적당한 시기에 전달되어야 한다.

3) 효과적인 커뮤니케이션을 하려면?

효과적인 커뮤니케이션을 하려면 발신자는 메시지 내용도 개선하고 메시지의 양과 전달시기에도 관심을 가져야 하고, 수신자는 이해심을 가지고 메시지를 받으려는 태도를 가져야 한다. 더 구체적으로는 다음과 같은 것에 신경을 쓰면 효과적인 커뮤니케이션을 할 수 있다 (Gibson et. al., 1994: 594-597; Northcraft & Neale, 1990: 119-122).

첫째, 발신자는 자신의 의도를 수신자가 제대로 이해했는지 확인(follow-up)해야 한다.

둘째, 커뮤니케이션 과정에서 메시지를 반복해서 전달하는 것이 좋다.

셋째, 수신자가 메시지를 올바르게 받았는지를 확인해 주고, 발신자의 의도를 수신자가 파악했는지를 알려주는 피드백 기법을 활용하는 것이 좋다.

넷째, 발신자는 자신의 메시지를 복잡하지 않은 단순한 언어를 통해 전달해야 한다.

다섯째, 메시지를 전달하는 시기를 잘 정하고, 정보 흐름을 잘 조정하여 전달하는 정보의 양이 최적 상태가 되도록 해야 한다.

여섯째, 감정이입(感情移入)이나 공감(empathy)을 활용하여, 발신자는 수신자의 입장에서, 수신자는 발신자의 입장에서 메시지를 주고받으면 큰 효과가 있다.

일곱째, 수신자는 이해심을 가지고 효과적으로 메시지를 경청하고 주목해야 한다.

여덟째, 발신자와 수신자 사이에 믿음이 있어야 한다.

아홉째, 몸짓・손짓・발짓・얼굴・제스처・옷차림 같은 비언어적 커뮤니케이션을 활용하면 커뮤니케이션이 원활해진다.

마지막으로는 비공식적 채널 또는 소문(grapevine)을 활용하면 효과적인 커뮤니케이션을 쉽게 할 수 있다.

II. 의사결정 (decision making)

의사결정은 문제(problem)에 대한 조직과 개인의 반응이고, 문제해결(problem solving)을 위한 수단이며, 문제해결에 필요한 몇 개의 대안 가운데 가장 적절한 것을 선택하는 과정이다(Robbins, 1998 : 103).

의사결정과정을 설명하기 위한 모델에는 여러 가지가 있지만 가장 대표적인 모델은 합리적 결정모델이다. 이 모델은 현실적으로 가능하지 않은 몇몇 가정에 근거하고 있기는 하지만, 인간이 이상적인 상황에서 선택할 수 있는 최상의 결정과 결정과정은 어떤 것인지를 보여준다는 점에서 의미가 있다.

합리적 의사결정의 다음과 같은 몇 가지 가정을 전제로 하고 있다.

첫째, 문제는 모호하지 않고 명확하며, 의사결정자는 결정 관련 상황에 대한 완벽한 정보를 가지고 있다.

둘째, 의사결정자는 결정 관련 기준은 물론 문제해결을 위한 모든 대안을 이해할 수 있으며, 각 대안이 가져다 줄 결과를 모두 알고 있다.

셋째, 의사결정자는 사람이나 사물에 대한 일정한 선호도와 구체적인 평가기준을 가지고 있기 때문에 일관성 있는 결정을 내릴 수 있다.

넷째, 시간과 비용의 제약이 없는 의사결정자는 평가기준과 문제해결에 필요한 대안에 대한 완벽한 정보를 수집할 수 있다.

다섯째, 의사결정자는 자신의 가치와 효용을 극대화할 수 있는 대안을 선택할 능력을 갖고 있다.

위의 다섯 가정은 현실상황이 아니라 이상적인 상황에서만 구현이 가능하기 때문에 합리적 의사결정은 가장 이상적인 형태의 의사결정이라고 할 수 있다.

1. 합리적 의사결정 과정

합리적 의사결정과정은 <그림12>에서 보듯이 일곱 단계로 구성되어 있다 (Gibson et. al., 1994:609)

<그림 12> 합리적 의사결정 과정

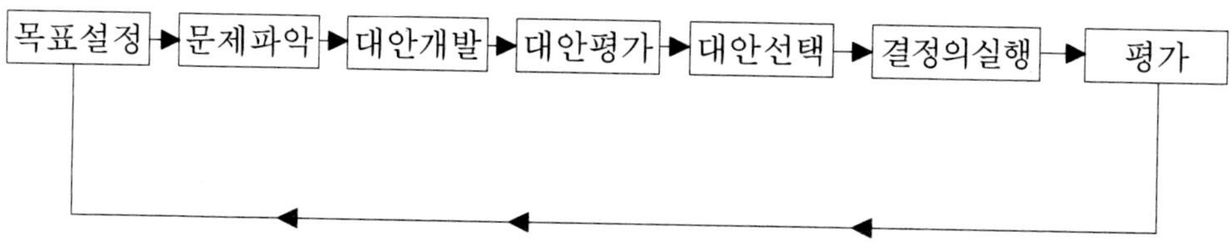

1) 목표 설정 단계

이 단계에서 달성해야 할 결과와 결과 성취여부를 알려주는 기준인 목표를 설정한다.

2) 문제 파악 단계

사람들이 문제를 문제라고 지각해야 의사결정을 할 수 있다. 따라서문제에 대한 지각은 의사결정의 전제조건이라고 할 수 있다.

3) 대안 개발 단계

의사결정자는 최적의 대안을 탐색하고 개발하기 위해서 노력한다. 그런데 의사결정자는 최적의 대안보다는 만족스러운 대안을 탐색하고 개발하려는 성향을 가지고 있기 때문에, 대안탐색과 개발 과정에서 창의적인 노력을 하지 않을 수도 있다. 합리적 의사결정의 가정이 비현실적이기 때문에 의사결정자는 현재 알고 있는 몇 가지 대안을 중심으로 대안을 탐색하고 개발할 가능성이 크기 때문이다.

4) 대안 평가 단계

대안 개발이 끝나고 나면 각각의 대안을 평가를 해야 하는데, 이때 각 대안이 가지고 있는 장점과 단점을 조직과 개인의 특성에 맞춰서 분석하고 평가해야 한다.

5) 대안선택 단계와 휴리스틱

대안을 합리적으로 선택하려면 의사결정자는 모든 대안을 세심하고 철저하게 검토·분석·평가한 뒤에 문제해결에 최상의 방법이 될 수 있는 대안을 선택하게 된다. 그런데 대부분의 의사결정자는 합리적 방법이 아닌 다른 방법을 사용하여 대안을 선택할 때가 많은데, 합리적 방법이 아닌 다른 방법의 예로 가장 대표적인 것은 인지적 지름길 또는 주먹구구식 결정이라고 부르는 휴리스틱(heuristics)이다.

2. 합리적 의사결정을 저해하는 제약조건

현실세계에서는 가능하지 않은 이상적인 의사결정 방식이라고 할 수 있는 합리적 의사결정을 못하게 만드는 많은 제약조건이 있는데, 대표적인 것은 제한된 합리성과 직관적 의사결정 등이 있다.

1) 제한된 합리성(bounded rationality)

제한된 합리성을 강조하는 접근법은 사람이 최상의 해결책을 모색하기는 하지만 해결해야 할 문제가 개인의 정보처리 능력 이상의 것을 요구하기 때문에 최상의 해결책에 훨씬 못 미치는 만족스런 방책에서 끝난다는 가정을 하고 있다 (Simon, 1957, 1960).

이 모델은 사람은 최상의 해결책을 추구하지 않는 대신에 수용할만한 해결책을 찾고, 해결 대안 탐색과정은 순차적이어서 한 번에 한 개 또는 두 개의 대안을 평가하기 때문에, 규범적인 합리적 모델과는 달리 이 모델은 좀 설명적이라고 볼 수도 있다. 즉, 이 모델은 의사결정자가 조직 문제에 대한 대안을 실제로 어떻게 파악하는가를 설명하기 쉽다는 것이다.

2) 직관적 결정

직관(intuition)이란 말은 경험・무의식・감(感 feeling) 등의 용어와 밀접한 관련이 있다. 즉 직관이란 자신의 과거의 경험에 근거하여 무의식적으로 형성된 어떤 '감(感)'이라는 것이다. 따라서 직관적 결정은 과거의 경험과 무의식적 육감에 근거한 결정이라는 점에서 합리적 의사결정과는 정면으로 배치된다고 할 수 있다 (Agor, 1986).

3) 의사결정 스타일

사람은 누구나 합리적으로 생각하고, 행동하며, 결정하려고 하고, 어떤 사람은 사실 그렇게 하고 있다고 생각하기도 한다. 그러나 현실적으로는 의사결정 스타일과 같은 개인적인 차이 때문에 합리적으로 생각하거나 행동하지 못함은 물론 합리적 결정도 내리지 못하는 경우가 많다.

4) 구조적 문제

조직에 내재된 구조적인 문제도 합리적 의사결정을 방해할 때가 많은데, (1) 결과를 중시하는 성과평가제도와 보상시스템, (2) 정형화된 업무수행 방식, (3) 서류 처리 기한과 같은 시스템이 정한 시간적 제약, (4) 선례와 관행에 따른 업무처리 방식 등이 대표적인 구조적 제약요인이라고 할 수 있다.

5) 행태적 요인

가치관, 퍼스낼리티, 부조화의 가능성 같은 개인의 행태적 요인도 합리적 의사결정과정에 영향을 미칠 수 있다.

3. 참여적 의사결정

참여적 의사결정은 다음과 같은 메커니즘을 통해서 구성원이 결정내용을 잘 받아들이도록 만들어 주고, 결정에 대한 만족감은 물론 결정의 질을 높여주기도 한다.

첫째, 의사결정과정에 참여하게 되면 구성원은 조직 내부 문제를 명확하게 알게 되기 때문에 조직이 자신에게 무엇을 기대하는지를 훨씬 쉽게 이해할 수 있다.

둘째, 의사결정과정에 참여하게 되면 구성원은 자신이 가치 있다고 판단하는 보상과 결과를 위해서 일하게 될 가능성이 높다..

셋째, 의사결정과정에 참여하게 되면 구성원은 개인행동에 미치는 사회적 영향의 효과를 잘 알게 된다.

넷째, 의사결정과정 참여하게 되면 구성원은 자신의 행동에 대한 통제력을 높일 수 있다.

따라서 대부분의 경우 결정과정 참여는 조직목표의 달성과 개인욕구 만족의 두 가지 모두를 촉진시키는 유용한 도구가 될 수 있다.

4. 집단의사결정[9)]

사람은 혼자 결정을 내리기도 하지만 여럿이 모여서 결정을 내릴 때도 많다. 아침에 눈을 떠서 지금 일어날 것인가 말 것인가를 결정하는 것은 순전히 개인차원의 문제이기 때문에 개인 의사결정이지만, 직장에 출근한 후 부서 직원들이 모여서 주간 활동계획이나 월간 경제동향에 대한 설정, 예측에 대한 합의를 구하고 행동방침을 결정하는 것은 부서 직원 전체가 관련되어 있는 집단차원의 문제이기 때문에 집단 의사결정이라고 할 수 있다. 이와 같이 사람은 조직 내에서 개인차원의 의사결정을 할 때도 있고 집단차원의 의사결정을 할 때도 있다.

조직 내의 많은 의사결정은 위원회 · 팀 · 태스크포스 등의 집단 내에서 집단의사결정 과정을 통해서 하게 된다. 집단의사결정은 자원을 효과적으로 활용(resource pooling)할 수 있고, 또한, 내부 합의가 이루어진다는 조건 하에서는, 상승효과(synergy effect)를 일으킬 수 있기 때문에 더 효과적일 수 있다.

1) 집단의사결정의 장점

개인의사결정과 비교해 볼 때 집단의사결정은 다음과 같은 장점을 가지고 있다 (Daft and Noe, 2001:357; Northcraft & Neale, 1990:370; Steers &

9) '집단의사결정'과 관련된 내용은 글쓴이가 2008년 9월에 출간한 '사회심리의 이해' 제10장 '집단 · 팀 · 집단역학' 가운데 '집단의사결정' 부분을 그대로 전재한 것이다.

Black, 1994:486).

(1) 자원과 지식의 효율적 활용

집단은 개인보다 많은 자원과 지식을 축적할 수 있기 때문에 보다 넓은 시야에서 문제에 접근할 수 있고, 폭넓은 대안을 고려할 수 있다. 따라서 주어진 자원과 지식을 보다 효율적으로 활용할 수 있다.

(2) 결정의 수락과 만족감

집단으로 의사결정을 하게 되면 혼자 의사결정할 때와 비교해 볼 때 참여자들이 내려진 결정을 훨씬 잘 수용하고, 참여에 따른 책임 때문에 내려진 결정에 대한 만족감도 강하며, 내려진 결정을 지지할 가능성도 높다.

(3) 창의성

여러 사람이 의사결정에 참여하여 브레인스토밍 같은 기법을 활용하게 되면 훨씬 창의적인 대안을 만들어낼 가능성이 높다.

(4) 원활한 커뮤니케이션과 정치적 기능

집단 중심으로 의사를 결정하게 되면 결정과정에 참여한 집단구성원들은 그 과정에서 조직이나 집단에 대한 많은 정보를 알게 되기 때문에 조직 내의 원활한 커뮤니케이션을 촉진할 수 있다. 또한 집단구성원들은 의사결정과정에 참여하여 자신의 의사를 피력할 수 있기 때문에 집단의사결정은 구성원들의 권력욕구를 충족시키는 정치적 기능도 할 수 있다.

2) 집단의사결정의 단점

집단의사결정에는 여러 가지 장점이 있지만 또한 많은 단점도 있다(Steers & Black, 1994: 486)

(1) 가장 큰 문제는 시간이 오래 걸리고, 많은 정보가 필요로 하기 때문

에 결정과정이 복잡하다. 즉 여러 사람이 결정과정에 참여하기 때문에 집단 속에서 개인의 책임이 매몰되는 사회적 태만이 심화될 수 있고, 필요 이상으로 시간이 많이 걸리고 결정과정이 복잡해지는 문제가 있다.

(2) 사회적 태만과 관련된 또 다른 문제는 결정자가 결정과정에서 집단의 여론이나 의견에 과도하게 의존하게 되면 집단은 결정자의 과감하고 신속한 행동을 억제할 가능성이 있다는 것이다. 즉 집단의사결정은 책임 분산의 이유 때문에 과감하고도 신속한 결정이 내려지는 것을 억제하는 경우가 있다.

(3) 집단의사결정에는 여러 사람이 참여하기 때문에 절충과 타협의 가능성이 항상 내재되어 있다. 따라서 문제를 해결할 수 있는 최상의 해결대안이 아닌 적당한 수준의 해결대안이 절충과 타협의 산물로 선택될 가능성이 높다는 문제가 있다.

(4) 집단의사결정과정에 참여하는 사람에게 필요한 정보와 적절한 권한이 주어져야만 효과적인 결정이 내려질 수 있다. 그러나 현실적으로는 필요한 정보가 무엇인지, 적절한 권한의 정도가 어떤 것인지 확실치가 않아서 집단이 올바른 결정을 내리지 못할 수가 있다.

(5) 한 명 또는 수명의 사람들이 결정과정을 주도할 수 있기 때문에 집단결정과정이 지니고 있는 장점이 활용되지 않을 수 있다.

3) 집단의사결정의 부정적 측면

집단의사결정은 자원이나 정보를 공유할 수 있어서 상승작용(synergy)을 일으키기 때문에 대개의 경우 개인의사결정보다는 효과적이며 효율적인 경우가 많다. 그러나 집단의사결정은 매우 심각한 문제를 내포하고 있는데, 그것은 바로 집단역학이 부정적으로 작용할 수 있다는 것이다. 즉, 집단 내부에는 구성원 개인의 창의력과 독자성이 저해할 수 있는 요인이 항상 존재하고 있다는 것이다. 집단은 (창의적이고 혁신적인 사고가 필요한) 불확실하고, 독특하며, 비정형적(非定型的)인 결정상황에서 개인이보다 무척 우수한 결정을 내릴 수 있지만, 집단은 그 특성상 개인의 창의력을 심각하게 제한할 수도 있다는 것이다.

집단의사결정에서 야기될 수 있는 가장 심각한 부정적 측면은 집단이 개인의 창의력과 독자성을 저해할 수 있는 집단사고(集團思考 groupthink)와 선택의 치우침(choice-shift)이라는 현상을 조장할 수 있다는 것이다 (신유근, 1989; Northcraft & Neale, 1990: 378-379).

4) 집단사고 (集團思考 groupthink)

집단사고는 집단 내부에 필요 이상의 강한 응집력과 동조압력이 작용하여 자신들을 무적이라고 생각하고, 틀린 생각도 합리화해서 보호하며, 모든 것을 만장일치로 결정해야 한다는 생각하게 됨으로써 결과적으로는 비효과적인 의사결정을 내리게 되는 현상을 말한다. 집단사고란 응집력이 강한 집단내부의 만장일치 합의에 대한 욕망이 다른 대안을 고려하지 못하게 만들 때 발생할 수 있다 (Janis, 1973).

집단사고는 응집력이 강한 집단에서 발생한다. 응집력이 강한 사람들이 모여서 집단의사결정을 할 때 개인의 창의력과 독자성을 저해하는 집단사고 증상이 나타날 가능성이 높고, 집단구성원은 의사결정과정에서 만장일치 같은 동조압력 때문에 할 말을 제대로 못하는 부정적인 현상이 나타난다는 것이다.

응집력이 강한 집단이 외부와는 차단된 상태에서 한 사람의 강력한 리더가 모든 것을 좌지우지하고 있는 상황에서 집단적으로 의사결정을 하는 상황에 처하게 되면, 아래와 같은 일곱 가지의 집단사고 증상이 나타나게 된다. 그 결과로 그 집단은 정보를 제한적으로 탐색하고, 대안도 제한적으로 분석하며, 전문가의 권고도 무시하고, 비상시 대처방안은 거의 개발하지 않거나 개발한다고 하더라도 유명무실한 수준의 방안만 마련해 두게 된다. 그리하여 이 집단은 개인보다 형편없는 수준의 결정을 내리게 되고, 집단성과도 아주 낮으며, 자원을 낭비하고, 주어진 기회를 거의 활용하지 못하는 집단으로 변하게 된다(Janis, 1973).

(1) 집단사고의 증상

집단 속 개인의 창의력을 말살시키는 집단사고라는 현상은 다음과 같은 일곱 가지 증상을 보이는 경우가 많다.

첫 번째 증상은 '잘못 불가'(invulnerability)의 환상이다. 집단구성원은 집단의 힘을 과대평가하면서 자신은 어떤 비난이나 공격에도 끄떡없다는 생각을 한다. 이 증상이 심해지면 집단은 구성원 개인으로는 선택하지 않을 위험한 행동방안을 집단으로는 선택하게 된다.

두 번째 증상은 도덕성의 환상(illusion of group morality)이다. 집단구성원들은 외부의 비난에도 불구하고 자신은 항상 옳다고 느낀다. 그래서 윤리적 문제에 대한 토의를 할 필요가 없어진다.

세 번째 증상은 적에 대한 고정관념이다(stereotyping the enemy). 집단구성원들은 상대방에 대한 냉철한 분석을 하지 않은 채 상대의 의도를 단순화하여 상대는 항상 약하며 바보 같다고 생각한다. 따라서 예상할 수 있는 상대의 말이나 행동은 고려의 대상조차 되지 않는다.

네 번째 증상은 동조압력(conformity pressure)이다. 문제를 토의하는 과정에서 "신중할 필요가 있다"와 같은 경고성 발언을 하거나 다수의 의견에 반대하는 사람이 있을 다른 집단구성원들은 그런 발언이나 행동을 않도록 유형、무형의 압력을 가한다.

다섯 번째 증상은 자기검열(self-censorship)이다. 만장일치의 합의를 이끌어내는 과정에 방해가 될지 모른다는 생각 때문에 다른 생각을 가진 사람이나 집단의 의견을 사전검열을 통해 막아 버린다.

여섯 번째 중상은 만장일치의 환상(illusion of unanimity)이다. 구성원 각자가 정말로 동의하는지를 정확하게 알아보지도 않은 채 성급하게 만장일치의 합의를 이끌어 낸다. 이때 침묵은 동의한다는 뜻으로 해석한다.

일곱 번째 증상은 마음 지키기(mindguard)이다. 보디가드가 외부의 위험에서 주요인물을 지켜 주는 사람인 것처럼 집단구성원 가운데 일부는 리더와 같은 집단 내부의 영향력 있는 사람에게 외부의 부정적 정보가 전달되는 것을 막는—영향력 있는 사람의 마음을 경호하는—역할을 하게 된다.

(2) 집단사고를 피하는 방법

이러한 증상을 보이는 집단사고를 피하려면 각 구성원은 자유스럽게 자신의 의견을 말하고, 토론하며, 비판할 수 있는 기회를 가져야 한다. 이때 가장 조심해야 할 점은 집단의 암묵적 압력이 구성원 개인에게 작용하지 않도록 막아야 한다는 것이다.

① 한 명의 구성원을 '비판적 평가자'로 임명하여, 반대할 수 있는 기회를 준다.

② 리더는 어떤 방향의 행동을 편파적으로 지지한다는 인상을 집단의 구성원들에게 주지 말아야 한다.

③ 같은 문제를 다루는 또 다른 소집단을 다른 리더가 지휘하도록 한다. 가끔은 집단을 다시 소집단으로 나누어서 따로 논의하도록 한다.

④ 외부전문가가 집단을 관찰하고, 집단의 의사결정과정에도 참여하도록 한다. 이때 외부전문가는 집단과 다른 생각을 가진 사람이면 더 좋다.

⑤ 매 회의마다 한 명의 구성원은 "고의로 반대하는 사람(devil's advocate)"의 역할을 하고, 각 구성원이 개관적으로 비판하고 사고할 수 있는 분위기를 만든다.

⑥ 경쟁집단의 의도에 대한 시나리오는 한 가지만 만들지 말고 몇 가지를 더 만들어 둔다.

⑦ 최종결정을 하기 '다시 생각하는(think twice)' 모임을 가진다.

⑧ 비슷한 상황에서 다른 조직이나 집단은 어떻게 했는지 연구하는 시간을 가진다.

5) 선택의 치우침 (the choice shift)

선택의 치우침 효과는 혼자라면 중용을 지켜서 합리적인 결정을 내릴 수 있는 사람들이 집단 속에서는 필요 이상으로 과격하고 위험한 결정을 내리거나, 아니면 필요 이상으로 신중하고 소극적인 결정을 내리는 등의 선택이 양극단 가운데 한쪽으로만 치우치게 되는 현상을 말하는 것이다.

(1) 선택의 치우침의 두 가지 유형

집단구성원 개개인이 혼자일 때보다 집단으로 의사결정을 내릴 때 훨씬 더 신중한 결정을 내리는 현상을 신중한 치우침(cautious shift)이라고 말하는데, 손실의 가능성이 크다고 판단될 때는 집단이 개인보다 필요이상으로 신중한 결정을 내리기 쉽다. 집단구성원 개개인이 혼자일 때보다 집단으로 의사결정을 내릴 때 훨씬 더 위험한 결정을 내리는 현상을 위험한 치우침(risky shift)이라고 부르는데, 이득을 볼 가능성이 크다고 판단될 때는 집단이 개인보다 필요이상으로 위험한 결정을 내리기 쉽다.

(2) 선택의 치우침 현상이 발생하는 이유

집단 내에서는 이러한 현상이 일어나는 이유는 정보교환과 사회적 비교 때문이다.

첫째, 집단의사결정에 참가하게 되면 각 구성원들은 다른 사람과 정보교환을 하게 되므로, 혼자 있을 때는 몰랐던 상황을 알게 된다.

둘째, 집단의사결정을 하면서 우리는 남과 자신을 비교하는 사회적 비교(social comparison) 과정과 자신의 입장을 드러내 보여야 하는 (self-presentation) 과정을 거치는데, 이 과정에서 우리는 사회적 촉진을 통해 자신의 입장과는 다르더라도 사회가 보편적으로 인정하는 가치에 동의하고, 집단내부의 지배적인 입장에 동조할 수밖에 없게 된다. 또한 집단의사결정은 특성상 결정결과에 대해서 혼자서 책임질 필요가 없기 때문에, 혼자라면 절대로 하지 않을, 위험하거나 또는 소극적인 결정을 하기가 쉽다. 집단 속의 개인은 사회적 비교 현상인 사회적 촉진과 태만을 통해서 비합리적인 결정을 내리기가 쉽다는 것이다 (신유근, 1989: Northcraft & Neale, 1990: 378-379).

셋째, 사회정체성 개념도 영향을 미칠 수 있다. 집단의사결정 과정에 참여하는 사람은 자신이 바로 그 집단의 구성원이라는 사실과 자신이 속한 집단의 사회적 역할이 어떤 것인가를 새삼스럽게 깨닫는 사회정체성 확립 과정을 거치는 경우가 많다. 이 과정에서 구성원들은 자신의 입장보다는 집단의 규범을 우선적으로 생각하기 때문에 규범을 반영하는 집단 내부의 지배적인 분위기에 동조하게 된다. 대개의 경우 여러 사람의 의견을 통합·조정하여 중간 정도의 의견을 내기보다는 고정관념적이며 매우 극단적인 규범에 동조하여 자신의 의견과는 크게 다른 매우 극단적인 태도를 보이거나 의견에 동감하는 경우가 많다.

6) 집단의사결정의 부정적 측면을 해소하는 방법[10)]

집단이 개인의 창의력을 저해하지 않도록 하는 방법에는 델파이 기법, 명목집단법, 브레인스토밍 기법 등 세 가지가 있다.

(1) 델파이(Delphi) 기법

이 기법은 다음과 같은 절차를 거쳐서 집단의사결정의 부정적 측면을 해소하려고 한다. 첫째, 참가자는 제시된 문제에 대한 자신의 의견을 독립적으로 만들어 서면으로 제출한다. 둘째, 참가자들이 제시한 의견을 전문가가 종합하여, 문제해결에 대한 대안을 몇 가지 만들고, 그것을 다시 참가자들에게 서면으로 보낸다. 셋째, 참가자는 각 대안에 대한 자신의 의견을 다시 서면으로 적어 보낸다. 이때 가능하다면 각 대안에 대한 순위나 점수를 적어 내도록 한다. 넷째, 대안 가운데 어느 것이 최상의 것인가에 대해서 참가자들의 의견이 동일하다면 문제는 해결된 것이고, 만약 참가자들 사이에 이견이 있다면 투표를 통해서 가장 좋은 대안을 선택하여 문제를 해결한다.

이와 같은 과정을 거쳐서 시행되는 델파이 기법에는 다음과 같은 장점이 있다. 첫째, 참가자들은 무기명으로 아이디어를 제시하기 때문에 자신의 입

---

10) '집단의사결정의 부정적 측면을 해소하는 방법'과 관련된 내용은 글쓴이와 박노율이 공동저술한 '조직과 인간행동'의 146-148쪽에 있는 부분을 그대로 전재한 것이다.

장을 변호할 때 자신을 굳이 내세울 필요가 없으며, 동조압력도 받지 않는다. 둘째, 참가자들이 집단 내에서의 신분, 권력, 인정 등에 연연해하지 않고 문제해결에만 초점을 맞출 수 있다. 셋째, 참가자들이 다양한 대안을 개발할 수 있게 해준다. 넷째, 한 장소에 집결할 수 없는 많은 전문가들의 참여를 가능케 한다. 다섯째, 문제에 대한 답을 서면으로 작성하는 과정에서 참가자들은 문제를 세심하게 생각할 수 있으며, 구체적이면서도 양질의 아이디어를 창출할 수 있다.

이 기법의 가장 큰 장점은 관련된 사람들이 직접적인 대면을 하지 않음으로써 집단이 개인에게 가할 수 있는 압력이 줄어든다는 것인데, 이점은 장점이면서도 어떤 의미에서는 단점이 될 수도 있다. 즉 참가자들이 창출해낸 아이디어에 대해서 구두로 설명할 기회가 없기 때문에 커뮤니케이션 상에 문제를 야기할 수 있고, 또한 참가자들이 제시한 의견이 상충적일 때는 직접 대면해서 해결할 수 없으므로, 상충적인 아이디어가 완전히 해소되기보다는 합성되거나, 투표로 적당히 해결되는 경향이 있다는 것이다. 그리고 문서로만 이루어지는 논의과정에 참여하는 사람들에게는 아무런 사회적 보상이 주어지지 않기 때문에 참가자들이 혼자라는 느낌을 받을 수 있고, 사람들이 문제에 흥미를 잃기 쉽다는 점이 단점으로 지적된다.

(2) 명목집단(名目集團 nominal group) 기법

델파이 기법과는 달리 이 기법은 다음과 같은 절차를 거쳐서 집단의사결정의 부정적 측면을 최소화하려고 한다. 첫째, 참가자는 문제에 대한 자신의 의견을 독립적으로 만들어서 써낸다. 둘째, 토론 없이 참가자 각자는 자신의 의견을 발표한다. 이 아이디어들을 칠판이나 차트에 기록해 둔다. 이 때 특정 아이디어가 누구 것인지 모르게 한다. 셋째, 애매한 부분을 명확히 하고 또 평가를 하기 위해서 기록된 아이디어에 대한 장단점을 토의한다. 넷째, 순위책정법이나 점수기입법 등의 방법을 통해서 참가자들은 각각의 아이디어의 우선 순위에 대한 투표를 한다.

위에서 논의한 델파이 기법과 비교해 볼 때 이 기법은 다음과 같은 구체적인 차이가 있다. 첫째, 델파이 기법에 의한 참가자들은 서로 전혀 모르지만, 명목집단 기법에 의한 참가자들은 서로 알 수 있다. 둘째, 델파이 기법에 의한 참가자들은 육체적으로 멀리 떨어져 있을 뿐만 아니라 직접대면도 전혀 없지만, 명목집단 기법에 의한 참가자들은 책상에 둘러앉아서 모임을 갖는다. 셋째, 델파이 기법에 의하면 참가자들 사이의 의사전달은 설문지나 모니터 요원들로부터의 피드백에 의해서 이루어지지만, 명목집단 기법상의 의사전달은 참가자들 사이에서 직접 이루어진다.

(3) 브레인스토밍 (brainstorming)

이 기법의 다음과 같은 기본원칙에 따라서 집단의사결정의 단점을 보완하려고 한다. 첫째, 비판은 금지된다. 아무리 진부하고, 진기하며, 괴상한 아이디어도 모두 받아들인다. 평가가 개입된 코멘트나 비언어적인 반대표현의 제스처도 용납되지 않는다. 둘째, 모임의 참가자에게는 비공식적, 개방적인 분위기를 보장해 주어야 하며, 참가자는 대담성을 가지고 참여해야 한다. 셋째, 질이 아니라 양을 추구한다. 질이 좋은 아이디어를 얻어내려면 초기에는 많은 양의 아이디어를 창출해 내야 한다. 넷째, 사람들이 제안한 원래의 아이디어에 약간의 수정을 가한다. 다섯째, 위와 같은 자유분방한 방식으로 대안을 만들어 내고 나면 아이디어를 평가한다. 각각의 아이디어가 문제 해결에 얼마나 효과적인지 여부에 따라 결정을 내린다.

8장 권력과 갈등[11)]

I. 권력 (power)

권력이란 어떤 사람이나 집단이 다른 사람이나 집단에게 통제력을 행사할 수 있는 능력이다. A라는 사람이 B라는 사람을 자신의 뜻대로 움직일 수 있는 능력을 가지고 있다면 A는 B에게 행사할 수 있는 권력을 가지고 있다고 할 수 있다. 권력은 어떤 개인이나 집단이 다른 개인이나 집단을 자신(들)이 원하는 대로 행동하게 하는 실제적 능력 또는 잠재적 능력 모두를 포함하기 때문에 권력은 지금까지 논의한 퍼스낼리티 · 가치 · 지각 · 태도 등 여러 변수보다 조직 내 인간행동에 더 직접적이면서도 더 구체적으로 영향을 미치는 변수라고 할 수 있다 (Moorhead & Griffin, 195:329).

1. 대인간 권력의 원천

French와 Raven(1959)은 사람과 사람 사이에 발생하는 대인간 권력의 원천에는 조직 내의 지위 때문에 어떤 사람이 다른 사람에게 영향을 미칠 수 있는 능력을 뜻하는 (1) 합법적 권력(legitimate power), 잘 따르는 사람에게 보상해 줄 수 있는 능력으로부터 나오는 (2) 보상 권력(reward power), 벌을 줄 수 있는 능력을 말하는 (3) 강제적 권력(coercive power), 높이 평가받는

11) 이 장은 글쓴이의 '새조직이론' (2001년 2월 출간) 제11장과 제12장, '현대조직론' (2003년 4월 출간) 제10장과 제11장, '조직행동론' (2005년 4월 출간) 제 11장과 제12장, 글쓴이와 박노율이 공동저술한 '조직과 인간행동' (2007년 4윌 출간) 제9장과 제10장에 있는 '권력과 갈등'에 대한 내용을 종합하여, 글쓴이가 새롭게 편집하였다.

특수한 전문지식을 가지고 있을 때 발생하는 (4) 전문적 권력(expert power), 카리스마나 독특한 행동스타일 때문에 발생하는 (5) 준거적(準據的) 권력(referent power) 등 다섯 가지가 있다고 설명하고 있다.

서로 밀접하게 관련되어 있는 다섯 가지 권력은 조직적 권력(organizational power)과 개인적 권력(personal power)으로 다시 나눌 수 있는데, 합법적 권력과 보상 권력 그리고 강제적 권력이 조직적 권력이라면, 전문적 권력과 준거적 권력은 전문성 · 퍼스낼리티 · 스타일 때문에 발생하기 때문에 개인적 권력이라고 할 수 있다.

2. 구조적 권력의 원천

조직구조는 조직을 관리를 위한 통제메커니즘이기 때문에 권력은 조직구조 속에 내재되어 있다. 조직은 구조적 장치를 통해서 의사결정, 커뮤니케이션, 정보와 자원의 관리, 직무분배 과정에 통제력을 행사하기 때문에 지위 · 자원 · 의사결정 · 정보 등의 구조적 변수는 공식적, 비공식적 권력의 원천이 되기도 한다.

1) 공식적 지위

대인간 권력의 원천에서 논의한 합법적 권력과 같이 조직 내부의 지위를 바탕으로 권력을 행사할 수 있다.

2) 자원

조직 구성원 모두가 원하고 탐내는 자원을 통제하고 배분할 수 있는 능력을 가진 사람은 권력을 행사할 수 있다.

3) 의사결정

조직 내 중요한 의사결정 과정에 참여하거나, 의사결정권자에게 영향력을 행사할 수 있는 사람은 권력을 획득할 수 있다.

4) 정보

정보도 권력의 원천이 된다. 조직 내부 정보를 쉽게 얻을 수 있는 자리에 있는 사람은 그 정보를 원하는 사람에게 영향력을 행사할 수 있기 때문에 권력을 가지게 된다.

3. 전략적 상황이론

이 이론은 조직 내부의 집단이나 부서가 행사할 수 있는 권력에 초점을 맞추고 있다. 조직 내의 어떤 부서는 다른 부서에 비해서 많은 권력을 행사하는 경우가 있는데, 이 이론은 부서 사이에 발생하는 권력의 원천을 다루고 있다. 조직목표 달성에 꼭 필요한 사건이나 행동을 전략적 상황(strategic contingency)이라고 하는데, 이 이론은 다음과 같은 전략적 상황을 통제할 수 있는 집단이나 부서는 다른 부서에 비해서 더 많은 권력을 행사할 수 있다고 한다 (Crozier, 1964; Northcraft & Neale, 1990: 342-345).

1) 조직 내부의 중심 또는 핵심에 있음 (centrality)

조직의 작업흐름상 중심 또는 핵심에 위치하고 있는 부서는 권력을 얻을 수 있다. 자원과 정보의 흐름상 가장 중심부에 위치하고 있거나, 급하고 중요한 일을 다루고 있는 부서는 그렇지 않은 부서에 비해서 쉽게 권력을 획득할 수 있는데, 일의 특성상 이 부서가 하는 일이 조직에 큰 영향을 미치거나 즉각적 대처가 필요한 성격이기 때문이다.

2) 대체성(代替性 substitutability) 또는 중요성(criticality)

조직 내의 다른 부서가 특정 부서를 대신할 수 있는 능력을 대체성이라고 부른다. 어떤 부서가 하는 일을 다른 부서가 쉽게 대신할 수 있다면 그 부서의 권력은 줄어들 것이고, 대체할 수 없는 독특한 기능과 능력을 가진 부서는 권력을 가질 수 있을 것이다.

3) 신축성(flexibility)

어떤 부서가 하는 일이 신축적이면 많은 재량권을 가질 수 있기 때문에, 업무가 매우 신축적인 부서도 권력을 획득할 수 있다. 어떤 부서가 수행하는 업무가 신축적이지 않고 상투적이라면 그 부서의 업무는 쉽게 대체할 수 있지만, 신축적이고 재량권을 많이 가지고 있는 부서는 대체하기가 쉽지 않기 때문이다.

4) 불확실성의 해결능력(ability to cope with uncertainty)과 관련성(relevance)

조직이 당면하게 되는 불확실성도 중요하다. 불확실성은 어느 부서에나 있기 때문에, 조직 전체의 과업 흐름과 직접적인 관련이 있고 또한 핵심성과 중요성에 비추어 꼭 필요한 역할을 하는 부서가 마주하게 되는 불확실성을 해결할 수 있는 부서는 권력을 획득할 수 있다.

5) 가시성(可視性 visibility)

어떤 부서가 하는 일이 매우 중요하다는 사실을 다른 부서 사람들이 인식하지 못한다면 그 부서는 권력을 행사할 수가 없다. 권력은 그 사람들이 우리가 권력을 가지고 있다고 인식할 때만 의미가 있고, 또 행사도 할 수 있다.

II. 임파워먼트 (empowerment)[12)]

1. 개념

조직이론적 관점에서 볼 때 조직내 임파워먼트는 조직구성원들—특히 하위직 조직구성원들—에게 보다 많은 파워를 준다는 의미를 가지고 있다. 보

12) 글쓴이와 박노율이 저술한 '조직과 인간행동'의 157-164쪽에 있는 '임파워먼트' 관련 내용을 그대로 전재하였다.

다 구체적으로 표현한다면 임파워먼트란 과업수행 시 필요한 권한과 기능 그리고 자유를 구성원들에게 충분히 주는 것을 의미한다 (Hellriegel, 2001:104).

현대적인 임파워먼트의 관점에서 보면 파워에 대한 전통적인 관점은 수정될 필요가 있다. 파워에 대한 전통적 관점에 따르면 조직내 파워는 제로섬 게임에 의해서 운용되고 있다고 한다. 즉 하위직으로 더 많은 파워와 권한을 이양한다는 것은 중상위직 관리자들의 파워를 빼앗는다는 것을 의미하기 때문에 하위직의 파워증가는 중상위직의 파워박탈로 필연적으로 연결된다는 것이다. 따라서 전통적 관점에는 임파워먼트를 시행할 것인가, 하지 않을 것인가와 관련된 양자택일적 사고방식이 담겨 있다고 할 수 있다. 그러나 현대적인 임파워먼트 관점에 따르면 임파워먼트는 제로섬 게임에 근거한 양자택일적 사고방식에 근거하여 접근할 대상이 아니라, 임파워먼트를 어느 정도까지 시행할 것인가와 관련된 정도의 문제라는 관점에서 접근해야 한다는 것이다. 즉 중상위직의 파워를 하위직에 넘겨주는 임파워먼트를 어느 정도로 시행하는 것이 조직에 가장 유리할 것인가를 생각해야 한다는 것이다 (Kreitner & Kinicki, 2001:527).

조직구성원들에게 파워를 준다는 것은 상위 관리자들이 독점하고 있던 파워를 하위 관리자와 구성원들이 공유한다는 뜻이 되기 때문에, 조직은 정보공유, 지식과 기능, 실질적인 파워, 보상 등의 네 가지를 임파워먼트를 통해서 제공함으로써 조직구성원들이 직무수행 과정에서 보다 자유롭게 행동하게 만들 수 있다 (Daft & Noe, 2001:217).

1) 정보공유 (information sharing)

임파워먼트가 조직내의 주요 장치로 정착되려면 조직은 구성원들에게 조직성과에 대한 구체적인 정보를 제공하는 정보공유를 시행해야 한다. 정보공유 없이는 임파워먼트—즉 파워공유(power sharing)—가 되지 않는다고 말할 정도로 정보공유는 임파워먼트가 시행되는데 중요한 역할을 한다.

2) 지식과 기능

임파워먼트가 효과적으로 시행되려면 조직구성원들은 주어진 권력을 올바르게 활용할 수 있는 적절한 지식과 기능을 가지고 있어야 하며, 조직은 구성원들이 지식과 기술을 습득할 기회를 제공해야 한다. 특히 조직 내외의 연수나 훈련프로그램을 활용하여 조직구성원들에게 조직목표 달성에 기여하는 지식과 기능을 습득할 기회를 제공할 필요가 있다.

3) 실질적인 파워

조직이 구성원들에게 직무와 직접적으로 관련된 의사결정에 필요한 실질적인 파워를 제공할 때 임파워먼트가 제도적인 장치로 정착될 수 있다. 예를 들면 조직은 분임토의조(QC)나 자체관리팀(self-managed team) 같은 장치를 통해서 작업과정과 조직성과에 직접적으로 영향을 줄 수 있는 결정권을 구성원들에게 넘겨 줄 수도 있다.

4) 보상

임파워먼트는 적절한 보상이 제공될 때 효과적으로 활용될 수 있다. 임파워먼트는 하위직 구성원들에게 보다 많은 권력을 제공하는 것이므로, 새롭게 부여된 권력을 활용하여 조직구성원들이 달성한 성과에 대해서 조직은 적절한 보상을 제공해야 한다. 이때 보상은 조직 전체가 달성한 성과에 근거하여 제공하되, 구성원 각자의 기여도를 공정하게 평가하여 개별적 보상을 제공해야 한다.

2. 임파워먼트의 구성요인

임파워먼트가 올바르게 시행되려면 그것을 구성하고 있는 요인들이 무엇인가를 알아야 할 필요가 있는데, 임파워먼트를 구성하고 있는 요인은 직무에 대한 의미부여(meaning), 직무 수행능력(competence), 스스로 결정하기

(self-determination), 영향력(impact)에 대한 인식의 네 가지 차원으로 구분할 수 있다 (Nelson & Quick, 2000:370).

1) 의미부여 (meaning)

조직구성원들은 수행하는 역할과 믿고 있는 가치가 조화를 이룰 때 자신의 직무에 많은 의미를 부여하게 될 것이다. 역할과 가치 사이의 조화로운 관계형성을 통한 직무에 대한 의미부여는 조직구성원이 직무를 얼마나 열정적으로 수행하고 있는가를 보여주는 것이기 때문에 그것은 임파워먼트의 엔진과 같은 것이라고 할 수 있다.

2) 수행능력 (competence)

조직구성원은 자신에게 주어진 직무를 수행할 능력을 가지고 있을 때 상사로부터 많은 것을 위임받아 자율적으로 결정하고 행동할 수 있다. 능력이 없다고 생각하는 사람은 자신이 직무수행에 적당한 사람이 아니라는 느낌을 가지게 될 것이므로 이 사람에게서는 진정한 의미의 임파워먼트가 일어난다고 할 수 없을 것이다.

3) 스스로 결정하기 (self-determination)

조직구성원이 직무수행 방식에 대해서 나름대로의 발언권 또는 통제력을 가지고 있어야만 임파워먼트가 기능할 수 있다. 상사가 시키는 대로 직무를 수행하는 사람은 파워를 공유하고 있다고 할 수 없기 때문에 스스로 결정하는 능력을 보유하는 것은 임파워먼트가 효과적으로 시행될 수 있는 필수조건이라고 할 수 있다.

4) 영향력 (impact)

조직구성원들은 자신이 하고 있는 직무가 조직에 중대한 영향을 미친다는 사실을 인식하고 있어야 한다. 자신의 직무가 조직목표 달성에 기여한다는 인식을 하지 못하거나 자신의 영향력에 대한 믿음이 없는 사람에게서도 진정한 의미의 임파워먼트를 기대할 수 없을 것이다.

3. 임파워먼트의 시행에 필요한 기술과 기능

조직구성원들에게 더 많은 파워를 넘겨준다는 개념인 임파워먼트가 올바르게 시행되려면 파워를 넘겨받는 사람은 권력을 올바르게 행사할 수 있는 일정한 수준의 기능을 가지고 있어야 한다. 임파워먼트의 효과적 시행과 관련해서 조직구성원들이 갖추어야 할 필요한 기능에는 다음과 같은 것들이 있다고 알려져 있다 (Nelson & Quick, 2001:296-298; Schermerhorn et. al., 2000:319).

1) 전문능력

가장 먼저 필요한 것은 직무를 올바르게 수행할 수 있는 직무전문성이다. 직무전문성이란 장기간의 수행을 통해서 체득한 직무에 대한 구체적이면서도 깊이 있는 능력을 말하는데, 조직구성원들이 이러한 전문능력을 보유하게 될 때 조직 내 임파워먼트가 가능해진다.

2) 과정관리 기술

두 번째로 필요한 것은 조직의 주요과정을 관리할 수 있는 기술이다. 임파워먼트의 제도적 정착과 관련에서 가장 중요한 과정은 조직 내의 우호적·비우호적 세력 또는 반대파를 잘 다룰 수 있는 협상과정이며, 협상을 성공적으로 이끌 수 있는 능력도 중요한 요인이 될 수 있다.

3) 협동행동 개발 기능

임파워먼트는 조직구성원 사이의 협동적인 행동을 통해서 그 역할이 극대화될 수 있다. 이런 점에서 조직 내에서 임파워먼트가 효과적으로 시행되기 위해서는 협동행동을 개발할 수 있는 기능이 필요하다. 협조적인 사람은 조직 내 모든 사람의 이득을 극대화시킬 수 있고, 목표달성을 위해서 남에 대한 배려를 하고 도움도 제공하기 때문이다.

4) 커뮤니케이션 기술

본질적으로 임파워먼트는 파워를 넘겨주는 상위직 구성원과 넘겨받는 하위직 구성원 사이의 커뮤니케이션을 전제로 한다. 두 집단 사이의 커뮤니케이션이 제대로 이루어지지 않으면 임파워먼트가 기대한 대로 기능할 수가 없기 때문이다. 조직구성원들은 자신의 의견을 잘 피력하고 알릴 수 있는 기술과 남의 말을 잘 들어주는 반영커뮤니케이션 기술을 습득함으로써, 임파워먼트를 통해서 강화된 자신의 권력이 남용되지 않고 효과적으로 활용될 수 있게 해야 한다.

5) 실행계획 수립 능력

임파워먼트가 올바르게 기능하려면 조직구성원들은 파워의 명확한 이양과 조직 내 각 계층이 참여하는 통합적 방식의 실행계획 수립능력을 가지고 있어야 한다. 임파워먼트를 시행하게 되면 조직구성원마다 자신이 향유할 수 있는 파워의 증감에 매우 예민하게 반응할 것이므로, 명확한 파워이양 및 이양 실행에 대한 계획을 수립할 수 있는 기능이 필요하다.

4. 조직내 임파워먼트의 발전단계

하위직 구성원에게 보다 많은 파워를 넘겨주는 임파워먼트에도 여러 단계가 존재한다. 상위관리자가 모든 것을 일방적으로 결정하는 지배(domination)에서 시작해서 부하들에게 대부분의 권한을 넘겨주는 이양(delegation)까지 진행하게 되는데, 이들 두 과정 사이에는 상의(consultation)와 참여(participation)라는 단계를 더 거치게 된다 (Kreitner & Kinicki, 2001:529).

1) 지배 (domination) 단계

관리자/리더가 모든 것을 결정하는 단계이다. 이 단계에서는 관리자/리더가 모든 결정을 주도하기 때문에 이 단계의 관리자/리더는 가장 권위적인 형태의 파워(authoritative power)를 행사하는 사람이라고 할 수 있다.

2) 상의 (consultation) 단계

의사결정 시 관리자/리더가 부하들과 상의를 하기 때문에, 이 단계에서는 조직내에 약간의 파워공유가 발생한다. 따라서 이 단계에서는 관리자/리더와 하위직 조직구성원 사이에 의사결정에 대한 영향력의 공유(influence sharing)라는 현상이 생기게 된다.

3) 참여 (participation)

이것은 관리자/리더와 부하가 서로의 의견을 존중하고 논의하는 공동 의사결정 단계이다. 이 단계에서는 관리자/리더와 부하들 사이에는 파워공유(power sharing)라는 현상이 생기게 된다.

4) 이양 (delegation)

이 단계에서 관리자/리더들은 많은 분야의 결정권을 하위직 조직구성원에게 넘겨주게 된다. 따라서 이 단계는 파워분배(power distribution)라는 개념으로 연결되는 가장 높은 수준의 임파워먼트가 일어나는 단계라고 할 수 있다.

5. 임파워먼트와 동기부여

앞에서 동기부여에 대해서 설명할 때 언급하지는 않았지만, 동기부여와 관련된 가장 최근의 동향은 임파워먼트와 관련되어 있다 (Daft & Noe, 2001:217). 임파워먼트가 하위직에게 보다 많은 파워와 권한을 넘겨주는 것이라면, 그것은 구성원들에게 과업수행 방법과 독창성 활용방법을 선택할 수 있는 힘을 실어주는 것이므로, 임파워먼트는 동기부여와 밀접한 관계가 있을 수밖에 없다. 임파워먼트는 일을 잘 하고 싶다는 희망을 가지고 조직에 들어온 사람 속에 존재하고 있는 동기부여라는 엄청난 힘을 남김없이 발휘하게 하는 촉매제 역할을 함으로써 동기부여에 큰 영향을 미칠 수 있다. 조직구성원이 임파워먼트를 통해서 자신의 일에 의미를 부여할 수 있고, 작업능력을 높이며, 자체결정권과 조직에 미치는 자신의 영향력을 실감하게 된다면 그 사람의 동기부여는 향상될 것이 틀림없다.

III. 갈등

갈등은 관련 당사자 사이에 목표 · 감정 · 인지 측면에서 양립할 수 없는 괴리가 존재하기 때문에 발생하는 긴장상태이다. 목표 갈등은 관련 당사자들이 궁극적으로 추구하는 것이 다를 때 발생하고, 감정 갈등은 관련 당사자들의 감정이나 정서가 양립할 수 없는 상황에서 발생한다. 그런데 갈등이 인지와 관련이 있다는 것은 우리가 상대의 행동을 인지하고 귀인하는 방식에 따라서 갈등의 내용 · 형태 · 수준이 결정될 수 있다는 사실을 시사한다. 갈등관계에 있 상대의 행동을 우리가 협조적이라고 인지하는가, 경쟁적으로 인지하는가에 따라 우리의 대응방식이 달라지듯이 상대의 행동에 대한 인지도 갈등상황에서 우리의 반응과 행동에 큰 영향을 미칠 수 있다.

1. 갈등의 분류

1) 갈등을 일으키는 원인에 따른 분류

앞에서 논의한 바와 같이 갈등의 원인에 따라 목표 갈등, 감정 갈등, 인지 갈등으로 구분할 수 있다. 갈등을 일으키는 원인은 앞에서 논의한 것 외에도 매우 다양하고 많기 때문에 갈등의 종류도 그만큼 다양해질 것이다.

2) 갈등의 파급효과와 관련된 분류

갈등이 일으킬 수 있는 파급효과에 따라 갈등은 순기능적 갈등(functional conflict)과 역기능적 갈등(dysfunctional conflict)으로 나눌 수 있는데, 순기능적 갈등이 조직성과 향상에 도움이 되는 갈등이라면, 역기능적 갈등은 조직에 부정적 영향을 주는 갈등이라고 할 수 있다.

3) 갈등 당사자를 중심으로 한 분류

갈등 당사자를 중심으로 분류해 보면 개인 내부 갈등, 개인 사이의 갈등, 집단 내부 갈등, 집단 사이의 갈등, 조직 내부 갈등 등이 있다.

2. 갈등관리

1) 협상(negotiation)

협상은 공통의 이해관계와 상충적인 이해관계 모두를 가지고 있는 둘 이상의 개인이나 집단이 어떤 안(案)의 구체적인 조건에 관해서 진술하고 토의하는 과정인데, 협상에는 통합적 협상과 분배적 협상의 두 종류가 있다(Northcraft & Neale, 1990: 244-247).

(1) 통합적 협상(integrative negotiation)

이것은 윈-윈(win-win) 상황이 상징하는 공동 문제해결법, 즉 관련 당사자 모두가 이득을 볼 수 있는 문제해결법을 추구하는 협상이다. 이 협상은 당사자들이 나누어 가질 수 있는 자원을 늘릴 수 있다고 가정하기 때문에 한 쪽이 손해를 보지 않고도 다른 쪽은 이득을 볼 수 있다. 이해 당사자들이 다양한 방법을 사용하여 자원의 양을 늘릴 수만 있다면, 경쟁할 필요가 없어지고, 상대를 적이나 라이벌로 생각하지 않을 것이기 때문에, 아이디어나 기회를 서로 공유하려고 할 것이다.

(2) 분배적 협상(distributive negotiation)

분배적 협상은 제로섬(zero sum) 게임에서 볼 수 있는 것과 같이 자원이 일정하기 때문에 한쪽이 이득을 보면 다른 한쪽은 반드시 손해를 봐야 되는 그런 상황에서 이루어지는 협상이다. 이 협상은 갈등 당사자 사이의 거래는 이번으로 끝인 경우, 갈등을 해소할 수 있는 신속하고 간단한 방법이 필요한 경우, 이해 당사자 상호간에 양립할 수 있는 목표가 전혀 없는 경우에 실행하기 쉬운 갈등관리 방법이라고 할 수 있다.

2) 갈등과 조직성과

갈등수준과 조직성과 사이에는 <그림 13>에서 보는 것과 같은 관계가 있다.

조직 내 갈등수준이 너무 낮으면 혁신이나 변화의 기회가 없기 때문에 조직은 환경변화에 제대로 적응할 수가 없어서 조직성과도 저조해진다. 반면에 조직 내 갈등수준이 너무 높아지면 갈등에 따른 심각한 혼란 때문에 조직성과가 감소하게 된다. 따라서 조직성과는 순기능적 갈등이 가져다 줄 수 있는 변화와 혁신도 적당히 활용할 수 있고, 역기능적 갈등 때문에 생길 수있는 조직 내 혼란도 적절한 선에서 줄일 수 있을 중간 정도의 갈등수준에서 조직성과가 가장 최상의 상태에 도달할 수 있다.

<그림 13> 갈등과 성과 사이의 관계

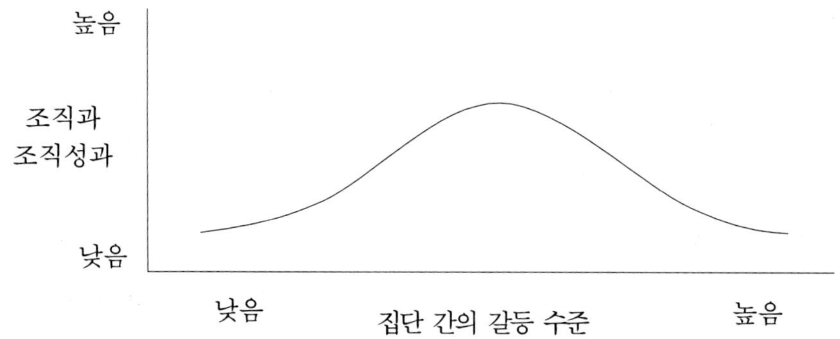

3) 갈등관리법

갈등관리법의 기본은 역기능적 갈등은 가급적 줄이고, 순기능적 갈등은 가급적 촉진하는 것이기 때문에 역기능적 갈등을 줄이는 방법과 갈등의 순기능적 측면을 활용하는 방법에 대해서 알아보기로 한다.

(1) 역기능적 갈등을 줄이는 방법

앞에서 본 바와 같이 너무 과도한 갈등은 역기능적을 작용하여 조직성과에 심대한 부정적 영향을 미치기 쉽다. 따라서 역기능적 갈등은 다음과 같은 방법을 사용하여 적절한 수준으로 감소시켜야 할 것이다(김병섭 · 박광국 · 이종열, 1995: 528-532; Robbins, 1979).

① 문제해결

갈등당사자가 얼굴을 맞대고 앉아서 문제해결 방안을 논의함으로써 갈등을 줄이는 방법이다. 갈등이 커뮤니케이션 상의 오해나 언어장벽 때문에 생긴 것이라면 이 방법은 매우 효과적일 수 있다.

② 상위목표의 설정과 공동의 적 발견하기

갈등당사자 모두의 협조가 없이는 달성할 수 없는 공동의 목표를 양측에 부여해서 갈등을 줄이는 방법이다.

갈등당사자 모두에게 적이 되는 집단이 나타나면, 갈등당사자들은 공동의 적과 싸우기 위해서 일시적으로라도 단합할 수 있기 때문에 공동의 적을 발견하는 방법도 갈등을 줄이는 방안으로 활용할 수 있다.

③ 자원의 확대

갈등의 주요 이유 가운데 하나가 제한된 자원문제이기 때문에 자원을 확대하는 것은 관련 당사자 모두를 만족시킬 수 있는 좋은 갈등 해소법이다. 그러나 희소한 자원을 늘린다는 것은 쉽지 않기 때문에 현실에서 쉽게 쓸 수 있는 방법은 아닐 것이다.

④ 갈등 회피

갈등을 회피하는 방법은 단기적 해결책이 될 수 있다. 그러나 갈등을 단기적으로 회피한다고 하더라도 갈등이 완전히 해결되지 않는 한 언젠가 갈등상황에 다시 처하게 될 것이다.

⑤ 완화 (smoothing)

완화는 갈등당사자 사이의 공동 이해관계는 강조하면서, 견해 차이 같은 갈등 요인은 가급적 부각시키지 않는 기법이다.

⑥ 타협

갈등당사자 모두 조금씩 양보해서 갈등을 해결하고자 하는 타협은 가장 고전적인 방법이다.

타협을 하게 되면 갈등당사자 모두는 원하는 것을 다 얻지 못한다는 점에서 모두가 패자가 되는 셈이며, 이런 점에서 타협을 통해서 내려진 결정은 어떤 사람에게도 이상적인 것이 되지는 못한다.

⑦ 상사나 상부기관의 명령

이 방법 또한 오래되기도 했고 자주 사용하는 갈등 해결방법이다. 상사나 상부기관은 공식적 명령을 내려서 문제를 해결하게 된다. 이 방법도 단기적으로는 좋은 방법이기는 하지만, 갈등의 원인이 아닌 결과에만 초점을 맞추는 것이기 때문에, 갈등의 원인이 여전히 내재하고 있다는 단점이 있다.

⑧ 갈등 당사자의 태도와 행동의 변화

이 방법은 갈등당사자의 태도와 행동을 바꿈으로써 갈등을 해결하고자 한다. 이 방법은 매우 어렵고 시간이나 비용이 많기 든다는 단점이 있지만, 갈등의 결과가 아닌 원인에 초점을 맞추고 있기 때문에 장기적으로는 가장 효과적인 방법이 될 수 있다.

⑨ 구조적 변수의 변화

이것은 조직의 공식구조를 바꾸어서 갈등을 해결하고자 하는 방법이다. 조직구조를 바꿔서 갈등당사자들을 분리하거나, 새로 만든 부서로 전출시킴으로써 갈등을 해결할 수도 있다.

(2) 갈등의 순기능적 측면을 이용하는 방법

집단사고(集團思考)나 선택의 치우침 같은 집단의사결정의 문제점을 차단하고, 조직에 변화와 혁신이 바람을 불어넣을 수 있는 순기능적 갈등을 이용하는 것도 효과적인 갈등관리법이 될 수 있다 (Gibson et. al., 1994: 357-360; Robbins, 1979).

① 새로운 인물의 영입

기존 구성원과는 다른 새로운 인물을 조직에 끌어들여서 새바람을 일으키고, 이 바람을 통해서 변화와 혁신 같은 순기능적 갈등을 촉진하는 방법이다.

② 커뮤니케이션의 활용

공식적, 비공식적 커뮤니케이션 채널을 이용하여 순기능적 갈등을 촉진할 수 있다. 불분명하고 모호하며 경쟁심을 부추기는 정보를 조직 내부에 흘린다거나, 소문을 조직 내부에 퍼뜨려서 개인이나 부서 사이에 갈등을 일으킬 수 있다.

③ 조직구조 바꾸기

새로운 부서를 만드는 등의 조직구조 변경 또한 갈등을 촉진할 수 있다. 기존에 있던 여러 부서를 통합해서 새 부서를 만들거나, 새부서가 기존 부서의 중요 업무를 떠안는 방식으로 조직구조를 바꾸면 부서 간 또는 구성원간 개인 간에 순기능적인 갈등이 생길 수도 있다.

④ 경쟁 분위기 조성

조직 내 여러 집단이나 부서에 동일한 사건이나 상황에 대한 해결책을 제시하도록 요구함으로써 경쟁심을 조장하고 순기능적 갈등도 촉진시킬 수 있다.

⑤ 고의로 반대하는 사람(devil's advocate)을 임명하는 방법

어떤 개인이나 집단에게 다른 사람들이 제안하는 모든 방안을 체계적으로 그리고 지속적으로 비판하고 반대하게 하는 방법이다. 비판이나 반대를 통해서 의사결정자에게 인지갈등을 일으킬 수 있기 때문에 이 방법은 집단사고니 선택의 치우침 같은 집단의 부정적 측면을 최소화할 수 있다.

9장 리더십[13)]

리더십은 과정과 특성의 두 가지 관점에서 접근할 수 있다. 과정으로 접근하게 되면 리더십은 리더가 부하의 목표달성 행동에 도움이 되는 (비강제적인) 영향을 미치는 과정을 강조한다는 뜻을, 특성으로 접근하게 되면 이러한 영향력을 효과적으로 활용하는 사람들이 가지고 있는 일군의 특징을 강조한다는 뜻을 가지게 된다 (Moorhead & Griffin, 1995:297). 즉, 리더십은 조직목표 달성을 위해서 리더가 부하의 행동에 영향을 미치는 과정으로 볼 수도 있고, 부하와는 다른 리더만이 가지고 있는 개인적·조직적 특성의 총합으로도 볼 수 있다는 것이다. 지금까지의 설명을 통해서 본 리더십은 (1) 사람 사이의 영향력과 관계가 있기 때문에 어떤 종류의 인간관계에서도 발견할 수 있으며, (2) 목표달성을 중요하게 생각하는, 부하에게서는 발견할 수 없는, 리더들만이 가지고 있는 특성의 총합이라는 사실을 알 수 있다.

I. 리더십 이론

1. 교류적(transactional) 리더십과 변혁적(transformational) 리더십

리더가 하는 많은 일은 일상적 과업과 관련된 교류(거래)—성과평가나 의

13) 이 장은 글쓴이의 '새조직이론' (2001년 2월 출간) 제13장, '현대조직론' (2003년 4월 출간) 제12장, '조직행동론' (2005년 4월 출간) 제 13장, '조직과 인간행동' (2007년 4월 출간) 제12장에 있는 '리더십'에 대한 내용을 종합하여, 글쓴이가 새롭게 편집하였다.

사결정 등—인 경우가 많지만, 종종 리더는 중대한 변화—합병 같은 조직변화 등—를 시작하고, 관리해야 할 때가 있다. 리더의 일상적 과업과 관련된 행위는 안정지향적인 교류적 리더십과 관련이 있고, 새로운 변화와 혁신을 시작하고 관리하는 행위는 변화지향적인 변혁적 리더십과 관련이 있다.

교류적 관점에 따르면 리더는 무언가를 주고, 그 대가로 무언가를 받는 사람이기 때문에 이 관점은 리더십을 사회교환 과정으로 보고 있다. 그렇기 때문에 교류적 리더는 부하의 이해관계에 호소함으로써 동기를 부여하는 사람이라고 할 수 있지만 부하의 충성심과 헌신적 노력을 이끌어 낼 수 있는 그런 유형의 리더는 아니다. 그런 유형의 리더는 카리스마적 또는 변혁적 특성을 가지고 있어야 한다.

변혁적 리더는 변화의 필요성을 인식하고 변화에 대처하는 새로운 비전(vision)을 만들어내며, 변화를 효과적으로 실행할 수 있는 다양한 능력을 가지고 있다. 또한 변혁적 리더는 부하들의 신뢰·존경·충성심 등을 이끌어 낼 수 있는 사람이기 때문에 부하들의 동기부여를 강하게 할 수 있다.

두 리더십은 서로 대립적인 개념이 아니라 상호보완적이다. 변혁적 리더십이 교류적 리더십을 바탕으로 부하들이 최상의 노력을 해서 더 좋은 성과를 달성할 수 있도록 만든다는 점에서, 변혁적 리더십은 교류적 리더십의 바탕 위에서 세워지기 때문이다.

변혁적 리더십은 다음에 설명할 카리스마적 리더십과 많은 공통점을 가지고 있기는 하지만, 변혁적 리더십이 카리스마 이상의 것을 추구한다는 점이 조금 다르다. 이상적인 카리스마 리더는 부하들이 카리스마적 세계관을 받아들여 더 이상 나아가지 말고 거기에서 만족할 것을 요구한다면, 변혁적 리더는 부하들이 기존에 형성된 견해나 입장은 물론 리더의 견해나 입장에도 의문을 제기할 수 있는 능력을 계발하도록 주문하기 때문이다 (Bass, 1990; Burns, 1978; Kuhnert & Lewis, 1987).

2. 리더의 개인적 특질을 강조하는 이론

부하와는 다른 리더만이 가질 수 있는 개인적 특질 또는 특징을 강조하는 이론에는 리더십 특질이론과 카리스마 리더십이론이 있다.

1) 리더십 특질이론(trait theory of leadership)

이 이론은 퍼스낼리티, 능력, 육체적 특징 등 리더와 부하를 구분할 수 있게 만드는 리더의 개인적인 특질이 무엇인가에 초점을 맞추고 있다. 퍼스낼리티의 일부 유형과 지능이나 적성 또는 관리능력 같은 것이 리더가 갖추어야 할 특질이라고 보는 사람도 있지만, 현대사회에는 수도 없이 많은 조직이 있기 때문에, 리더가 갖추어야 할 특질은 끝도 없이 많다는 사실도 알 수 있다. 리더가 갖추어야 할 특질이 무척 많다는 것은 리더와 부하를 구분할 수 있는 특질을 발견하기가 사실상 불가능하다는 뜻도 될 것이다. 이런 점에서 많은 사람은 특질이론을 리더가 가져야 하는 이상적인 모습을 알려주는 이론일 따름이라고 치부하기도 하지만, 긴급상황 같은 특수한 상황에서는 리더의 개인적 특질이 매우 중요한 역할을 한다는 점에서 이 이론을 무시할 수 없는 것도 사실이다.

2) 카리스마 리더십이론(charismatic leadership theory)

카리스마 리더십이론은 '카리스마'를 리더 개인의 특질로 보고 있다. 카리스마란 상대방을 끌어들일 수 있는 특정한 형태의 매력이라고 할 수 있는데, 카리스마형 리더는 자신의 신념과 생각에 대한 확신을 가지고 있음은 물론 상대에게 영향을 미치고자 하는 강한 욕구도 가지고 있다. 또한 이 유형의 리더는 성과에 대한 기대가 크며, 부하들에게 보이는 신뢰감도 아주 강하다 (House, 1977; Conger & Kanungo, 1987).

카리스마 리더십의 구성요소는 비전 심어주기(envisioning), 활력 불어넣기(energizing), 임파워먼트 이다. 비전 심어주기는 높은 기대감과 일관성 있고 자신감 있는 행동으로 부하에게 강력한 모델링 효과를 보여서 비전을 심어 주는 것이고, 활력 불어넣기는 열정, 신뢰감, 성공가능성 등을 보여 줌으로써 부하들에게 에너지를 불어넣는 것이며, 임파워먼트는 부하들을 후원하고, 부하의 입장에서 생각하고, 부하에게 강한 신뢰감을 표시하는 것이다 (Nadler & Tushman, 1990).

카리스마형 리더가 가지고 있는 특질에는 여러 가지가 있지만 (1) 자신감, (2) 비전 (vision), (3) 비전을 구체화할 수 있는 능력, (4) 비전에 대한 강한 확신, (5) 독특하고 통상적이지 않은 비정상적인 행동양식, (6) 변화를 주도하기 를 위한 강한 의지와 능력, (7) 환경변화에 대한 민감한 반응 등이 대표적인 특질이라고 할 수 있다 (Conger & Kanungo, 1988).

3. 행태론적 이론(behavioral theories of leadership)

리더의 행동 스타일을 다루고 있는 이 이론의 핵심은 리더의 행태(행동)가 리더십이 효과적인지 아닌지를 결정한다고 보고 있다. 이런 점에서 이 이론은 리더의 특질이 아니라 리더가 하는 행동과 그 행동이 부하의 성과와 만족감에 미치는 영향을 주로 다룬다고 할 수 있다.

1) 일차원적 접근법

일차원적 접근법은 일차원상 연속선 어디에 리더의 스타일이 위치하고 있는가를 파악하려는 리더십 이론이다.

(1) 독재적, 민주적, 자유방임적 리더

독재적 리더 밑에서 일하는 부하들은 불만이 많고, 공격적이며, 의존적이면서도 집단규범에 동조하기도 잘하지만, 생산성은 높은 성향을 보인다. 민주적 리더 밑에서 일하는 부하들은 독창성, 독립심, 집단의식, 친교성이 높은 성향을 보인다. 독재적인 리더가 이끄는 집단은 민주적인 리더가 이끄는 집단에 비해서 성과는 높지만 만족도는 떨어지는 성향을 보인다. 자유방임적인 리더 밑에서 일하는 부하들은 위의 두 가지 유형의 리더 밑에서 일하는 부하들에 비해서, 가장 비효과적이라고 알려져 있다 (신유근, 1994: 399-411).

(2) X-이론형 리더와 Y-이론형 리더

X-이론형 리더는 부하를 게으르고 일에 재미를 못 느끼는 사람이라고 생각하기 때문에, 통제하고 압력을 행사해야 한다고 믿고 있다. 부하를 부정적으로 보기 때문에 이 유형은 리더는 독재적인 리더가 될 성향을 가지고 있다.

Y-이론형 리더는 부하를 책임감과 자기통제력을 가진 사람으로 보고 있다. 부하를 자발적이면서도 창의적인 사람으로 보기 때문에 이 유형의 리더는 민주적인 리더가 될 가능성이 높다 (McGregor, 1960).

(3) 직무중심적 리더와 종업원중심적 리더 : Michigan대학의 리더십 연구

Likert가 이끄는 미시간 대학 연구팀은 많은 리더와 부하를 인터뷰하여 직무중심적 리더와 종업원 중심적 리더라는 두 가지 유형의 리더십 스타일이 있다는 사실을 발견하였다.

직무중심적 리더는 부하들이 정해진 절차에 따라 과업을 수행하도록 철저하게 관리하는 사람인데, 이 유형의 리더는 부하들이 성과를 효과적으로 달성할 수 있도록 강제하기도 하고 보상하기도 한다. 직무중심적 리더도 부하에 대한 인간적 관심이 필요하다고 생각은 하지만, 그것은 자신이 감당하기에는 벅찬 과분한 사치품 정도로 취급하는 경향을 보인다.

종업원중심적 리더는 의사결정권을 부하에게 이양하고, 부하를 돕는 분위기를 만들어 종업원 욕구를 충족시키는 일을 해야 한다고 믿는 사람이다. 이 유형의 리더는 부하의 발전·성장·성취 등에 관심이 많다 (Likert, 1961; 1967).

2) 2차원적 접근법

(1) Ohio주립대학의 리더십 연구

오하이오 주립대학의 학자들은 주도형 구조(initiating structure)와 배려(consideration)가 리더십 스타일을 설명할 수 있는 양대 축이라고 보고 있다(Fleishman et al., 1955).

주도형 구조란 리더가 조직내 집단을 효과적으로 규정하고, 커뮤니케이션과 의사결정 채널을 잘 정립하며, 직무수행 방법을 올바르게 명시하는 행동을 잘 할 수 있게 만드는 구조를 의미하는데, 이런 구조를 주도하는 리더는 부하가 무엇을 해야 하는지를 명확하게 정해 놓는 경향이 있다.

배려는 리더와 부하 사이의 친밀감・상호신뢰・존경심・유대감 등을 의미하는데, 배려를 잘 하는 리더는 부하와 개인적으로 밀접한 관계를 맺으려고 노력하는 경향이 있다.

(2) 관리 그리드(managerial grid) 이론

또 다른 이차원적 이론인 관리 그리드이론이 설정한 두 가지 차원은 생산에 대한 관심과 인간에 대한 관심인데, 이 두 개의 차원을 바탕으로 생산에 관심이 많은 사람은 과업 중심적 리더로, 인간에 관심이 많은 사람은 관계 중심적 리더로 구분할 수 있다. 이 이론은 '인간'과 '생산'이라는 두 개의 차원을 이용하여 <그림 14>에서 보는 바와 같이 ① 무관심형 리더(impoverished leader), ② 과업형 리더(task-oriented leader), ③ 친교형 리더(country club leader), ④ 중간타협형 리더(middle of the road leader), ⑤ 팀형 리더(team leader) 등의 다섯 가지 유형의 리더십 스타일을 구분하고 있다(Blake & Mouton, 1985).

<그림 14> 관리 그리드 모델

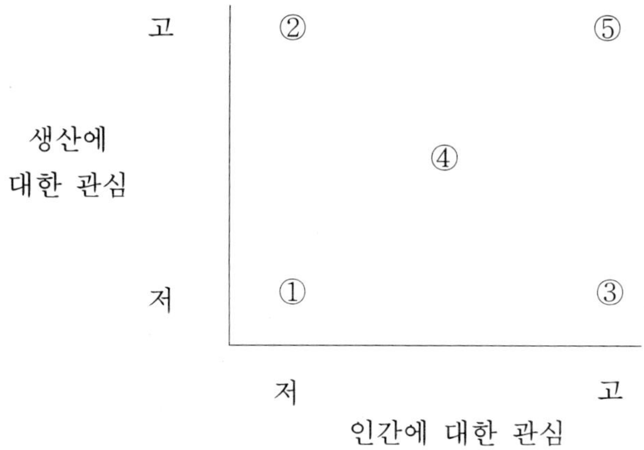

(출저 : Black & Mouton, 1985)

4. 상황이론

상황이론은 특질이론이나 행태론적 이론이 주장하는 언제, 어디서나 보편적으로 통하는 리더십 특질이나 스타일이 존재한다는 논리를 거부하는 이론인데, 이 이론의 요점은 다음과 같다.

첫째, 조직성과와 부하의 만족감에 영향을 미칠 수 있는 리더의 스타일이나 행위는 상황과 관련이 있다. 따라서 이 이론이 중요하게 간주하는 요인은 리더·부하·상황의 세 가지이다. 둘째, 퍼스낼리티·태도·지각·권력 등 여러 조직적 요인 사이의 조화(fit)가 중요하며, 이 조화가 리더십의 유효성을 결정한다..

1) Fiedler의 상황적 리더십(contingency leadership) 이론

이 이론은 리더십 유형과 상황 호의성(situational favorableness)의 상호관계를 중점적으로 다루고 있다.

(1) 리더십 유형

Fiedler(1967)이 제안한 이 모델은 LPC(least preferred coworker)라고 부르는 리더의 퍼스낼리티를 파악할 수 있는 측정수단을 활용하여 LPC 점수가 높은 사람은 관계지향적 리더로, LPC 점수가 낮은 사람은 과업지향적 리더로 구분하고 있다.

(2) 상황요인

Fiedler는 ① 리더-부하 관계, ② 과업구조, ③ 직책 권력 등의 세 가지 상황요인이 리더의 유효성에 영향을 미친다고 보고 있다.

① 리더-부하 관계 요인은 부하들이 리더에게 보여주는 믿음・신뢰・존경심의 정도를 나타내는데, 이 상황요인은 부하들이 리더를 수락하는지 여부를 반영하는 것이다.

② 과업구조는 특정 직무요소가 구조화되어 있는 정도를 의미하는데, 목표의 명확성, 목표-경로의 다양성, 검증가능성, 결정의 독특함 등이 과업구조의 결정요인이 된다.

③ 직책 권력은 리더의 지위에 내재하는 권력과 권한을 의미한다.

(3) 상황의 호의성과 리더십 유형

Fiedler는 상황이 리더에게 얼마나 호의적인가 비호의적인가를 나타내는 상황 호의성(situational favorableness)이 과업지향적 스타일과 관계지향적 스타일의 유효성을 결정한다고 주장한다. <그림 15>에서 볼 수 있는 바와 같이 과업지향적인 스타일은 상황이 호의적이거나 비호의적일 때는 효과적이지만, 관계지향적 스타일은 상황이 중간정도로 호의적일 때 더 효과적이다.

따라서 이 모델에 따르면 상황이 매우 호의적이거나 또는 비호의적일 때는 과업지향적 리더가 (관계지향적 리더보다) 효과적이며, 상황이 중간 정도로 호의적일 때는 관계지향적인 리더가 (과업지향적 리더보다) 효과적이다. 따라서 두 스타일의 리더 모두 상황이 어떤가에 따라 효과적일 수도 있고, 그렇지 않을 수도 있다.

<그림 15> Fiedler의 리더십 유효성 상황 모델

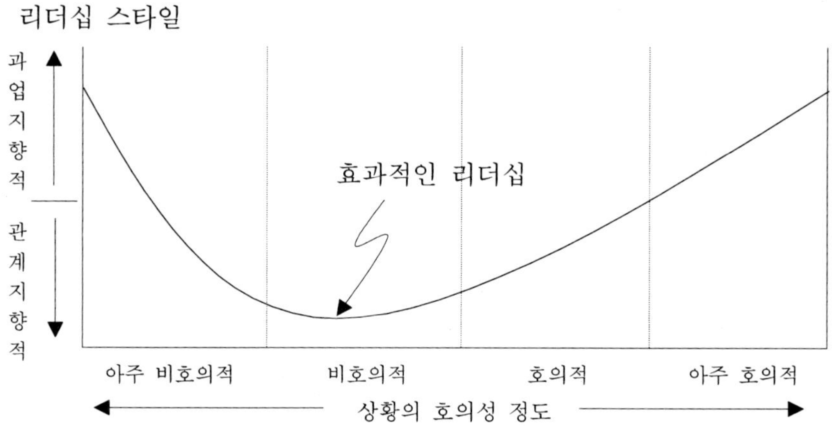

(출처 : 신유근, 1997: 340)

2) 경로-목표이론 (path-goal theory)

House와 Mitchell은 Ohio주립대학 연구자들이 제안한 주도형 구조와 배려, 그리고 동기부여 기대이론의 기대와 관련된 개념을 활용하여 <그림 16>에서 보는 것과 같은 경로-목표이론을 개발하였다. 리더는 어떤 행동을 하면 원하는 목표를 달성할 수 있다고 믿는 부하의 (경로-목표) 기대와 그 기대에 부여하는 가치에 영향을 미치는 사람이기 때문에, '목표'는 리더와 부하의 목표에 대한 인식을, '경로'는 목표를 달성하는 경로를 강조하고 있다고 하겠다 (House, 1971; House & Mitchell, 1974).

(1) 리더십 스타일

이 이론은 상황을 더 구체적으로 파악하여 리더십 스타일을 다음과 같이 네 가지로 구분하였다.

① 지시적 리더십(directive leadership) 스타일의 리더는 부하에 대한 기대감을 분명히 밝히고, 구체적인 지도를 하며 부하 각자의 역할을 명확하게 한다.

② 후원적 리더십(supportive leadership) 스타일의 리더는 친화적이며 언제나 접근가능하고 부하의 욕구충족에 관심이 많다.

③ 참여적 리더십(participative leadership) 스타일의 리더는 부하와 상담을 자주 하며, 의사결정을 하기 전에 부하의 의견과 아이디어를 잘 받아들인다.

④ 성취지향적 리더십(achievement-oriented leadership) 스타일의 리더는 어려운 목표를 설정하여 부하가 목표한 성과를 달성하기를 기대하며 성과를 더욱더 향상시키려고 노력한다.

(2) 상황변수

이 이론이 파악하고 있는 상황변수는 부하의 특징과 환경적 요인이다.

① 부하의 특징 가운데 중요한 것은 부하 스스로가 인식하는 자신의 능력, 경험, 통제의 위치, 욕구 등이다.

② 환경적 요인은 가운데 중요한 것은 부하의 과업, 작업 집단, 조직의 공식적 권한체계 등이다.

<그림 16> 리더십 경로-목표 이론

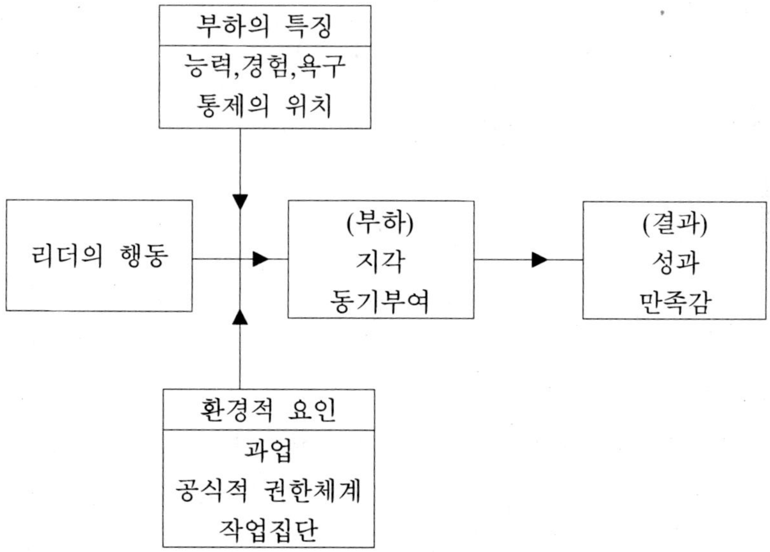

(3) 상황변수와 스타일

① 능력이 뛰어난 부하에게는 철저한 관리자 유형인 지시적 리더는 적

합하지 않다. 내재론자는 자신의 노력하면 원하는 보상을 받을 수 있다고 생각하기 때문에 참여적인 스타일에 만족하고, 보상이 자신의 통제권 밖에 있다고 믿는 외재론자는 지시적 스타일에 더 더 만족하는 경향이 있다.

친교욕구가 강한 부하는 상담행위를 강조하는 참여적 스타일을, 성취욕구가 강한 부하는 성취지향적 스타일을 좋아한다.

② 과업이 구조적으로 잘 짜여 있어서 직무가 반복적일 때는 지시적 스타일보다는 후원적 스타일이 더 적합하다. 그러나 연구개발 부서 같은 곳에서 구조적으로 잘 짜여 있지 않은 과업에 종사하는 사람은 지시적인 스타일에 호의적으로 반응하기도 한다.

③ 스트레스가 많거나 집단 모두에게 적용되는 규범이 존재하지 않는 집단에서는 지시적인 리더가, 응집력이 강한 집단에서는 후원적인 리더가 더 적합하다.

④ 종합병원이나 미국 환경우주국(NASA) 같이 참여적인 문제 해결방식을 요구하는 곳이나 빠른 속도로 성장하는 기업에서는 성취지향적인 리더십 스타일이 적합하다.

3) Hersey와 Blanchard의 상황이론

이 이론은 리더의 행동을 과업행동(task behavior)과 관계행동(relationship behavior)으로 나누고, 직무 관련 기술을 의미하는 직무성숙도와 자신감과 자존심을 나타내는 심리성숙도를 종합한 부하의 성숙도(maturity)를 상황변수로 활용하였다. 그리고 리더십 스타일의 종류는 지시적(telling), 설득적(selling), 참여적(participating), 위양적(delegating) 스타일의 네 가지로 나눈 다음 리더십 스타일과 상황 사이의 관계를 파악하였다 (Hersey & Blanchard, 1977).

첫째, 부하의 성숙도가 낮은 상황인 경우에는 과업행동을 중시하는 지시적인 스타일의 리더가 효과적이다.

둘째, 부하의 성숙도가 중간 정도인 상황에서 설득적 스타일과 참여적 스타일이 효과적이다.

셋째, 부하의 성숙도가 높은 상황에서 위양적 스타일이 효과적이다.

5. 기타 리더십 이론[14]

1) 리더십 귀인이론 (attribution theory of leadership)

귀인이론은 사람들이 어떤 행위를 특정 원인에 탓으로 해석하게 되는—귀인하는—지각적 과정을 다루고 있다. 리더십 귀인이론이 강조하는 것은 왜 어떤 행동이 일어났는가, 즉 행동이 발생한 이유이다. 부하 행동의 원인은 대체로 직접 관찰이 가능하기 때문에 그 원인을 파악한다는 것은 곧 지각—귀인—한다는 것을 의미한다. 리더십 귀인이론은 '리더는 정보처리를 하는 사람'이라는 입장에서 출발한다. 바꾸어 말하자면 리더는 '왜 이런 일이 발생했을까'를 설명할 수 있는 정보 단서를 찾고 있는 사람이라는 것이다. 이러한 단서로부터 리더는 자신의 리더십 행위 이론의 지표가 될 수 있는 인과적인 설명을 구성하려고 시도한다. 단순하게 표현하자면 리더십 귀인과정은 <그림 17>에서 보는 바와 같이 '부하의 행위→리더의 귀인→리더의 행위'라는 세 가지 요소로 구성된다고 할 수 있다 (Green & Mitchell, 1979; Mitchell, Green, & Wood, 1981).

<그림 17> 리더십 귀인이론

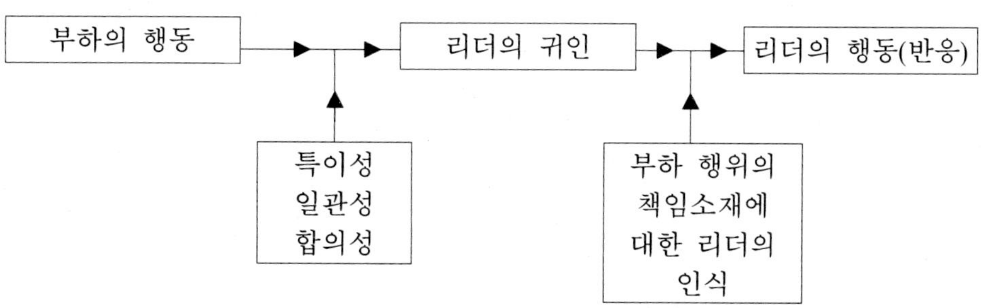

14) 글쓴이와 박노율이 2007년 4월에 출간한 '조직과 인간행동' 224-229쪽에 있는 '기타 리더십 이론'을 그대로 전재하였다.

(1) 리더의 귀인

리더는 부하의 행위에 대해서 특이성 · 일관성 · 합의(consensus)라는 세 가지 종류의 정보를 이용하여 귀인을 한다. 즉 리더는 부하의 행위가 특정 과업을 할 때만 나타나는 것인가와 관련된 특이성, 얼마나 자주 그 행위가 나타나는가와 관련된 일관성, 그 행위가 어느 특정 부하에게만 일어나는가와 관련된 합의 등의 정보를 가지고 귀인을 한다는 말이다. 리더가 해야 하는 주된 귀인 작업은 부하 행위의 원인을 특이성 · 일관성 · 합의 차원에서 범주화시키는 것이라고 할 수 있다. 또 리더는 부하가 업무를 형편없이 수행했다면, 그 수행 행위가 능력부족 같은 그 사람의 내부성향에 의해서 야기된 것인지, 과업의 난이도나 주변 환경 같은 외부상황에 의해서 야기된 것인지를 판단하여 내부귀인 또는 외부귀인을 하게 된다.

(2) 책임에 대한 리더의 지각

누구의 책임인가에 대한 리더의 판단이 귀인에 대한 리더의 반응에 영향을 미칠 수 있다. 리더가 부하의 행위를 능력이나 노력 같은 내부성향에 귀인해서, 부하가 행위에 대해서 책임져야 한다고 판단한다면, 리더는 부하에게 무언가 행동을 취할 것이기 때문이다.

(3) 귀인적 리더십 모델

리더십 귀인이론이 특질이론이나 행태이론에 비해서 '왜' 행위가 발생하는가에 대해서 관심이 있기 때문에 다른 이론에 비해서 부하 행위에 대한 리더의 반응을 쉽게 예측할 수 있게 해준다.

부하가 업무를 형편없이 수행한다고 가정할 때, <그림 17>에 따르면 이 문제에 대한 귀인이론의 첫 번째 연결 포인트가 부하의 행동과 리더의 귀인 사이에 존재하는데, 이때 리더는 특이성 · 일관성 · 합의라는 세 가지 정보를 가지고 귀인을 하게 된다. 그리고 두 번째 연결 포인트는 리더의 귀인과 리더의 행동(반응) 사이에서 발생하는데, 이때 리더가 보일 반응은 그가 어떤 종류의 귀인을 하는가에 달려 있고, 부하 행위의 책임 소재에 대한 리더의 인식이 리더의 귀인과 리더의 반응 사이의 관계에 큰 영향을 미친다.

(4) 리더 행위는 원인인가 결과인가

리더의 행위는 부하의 성과와 만족의 원인인가 결과인가? 이 질문에 대해서는 세 가지 답이 가능하다 (Gibson et. al., 1994: 452-453).

첫째, 리더 행위는 부하들의 성과와 만족에 영향을 미친다는 주장—즉 리더의 행위는 부하의 성과와 만족감의 원인이라는 주장—이 가능한데, 특질 이론이나 행태론적 이론 같은 리더십의 주류 이론의 주장이기도 하다.

둘째, 부하의 성과와 만족이 리더의 스타일을 변하도록 만든다는 주장—즉 리더의 행위는 부하의 성과와 만족감의 결과라는 주장—도 가능하다. 이것은 리더십 귀인이론이 주장하는 것이다.

셋째, 리더의 행위와 부하의 성과와 만족감 사이에는 상호인과관계가 존재한다고 보는 주장—즉 리더의 행위가 부하의 행위에 영향을 미치고, 부하의 행위 또한 리더의 행위에 영향을 미친다는 주장—이 있는데, 이 주장은 영향의 쌍방향성을 시사한다는 점에서 현실적으로 더 타당하다고 할 수 있다.

2) 리더-부하 교환이론 (leader-member exchange theory; LMX theory)

리더십에 대한 교류적 접근법을 필두로 한 대부분의 리더십 이론은 리더는 부하와 교환관계를 형성한다고 보고 있고, 또한 이 교환과정에서 리더는 모든 부하들을 동등하게 대하고 있다고 가정하고 있다. '수직적 쌍방 연결 이론(vertical dyad linkage theory; VDL theory)'이라고도 부르는 이 이론은 위와 같은 가정을 부인하면서 리더는 부하들에게 동일한 행동을 하는 것이 아니라는 사실을 강조하고 있다 (Dansreau, Graen & Haga, 1975; Graen, Dansreau, & Minami, 1972). <그림 18>에서 보듯이 이 이론에 의하면 리더는 시간적 제약 때문에 자신이 신뢰하는 소수의 부하들과 특별한 관계를 형성하게 되는데 이 소수의 부하들을 내집단(in-group)이라고 부른다. 일반적으로 이 내집단은 더 많은 책임과 자율성을 가지고 특별한 임무를 수행하며, 책임에 상응하는 특권도 누린다. 내집단에 속하지 않은 사람은 내집단과 대비되는 의미에서 외집단이라고 불리며, 이 집단에 속한 사람은 리더와 함께 하는 시간도 적고 리더의 관심도 별로 받지 못한다.

<그림 18> 리더-부하 교환이론

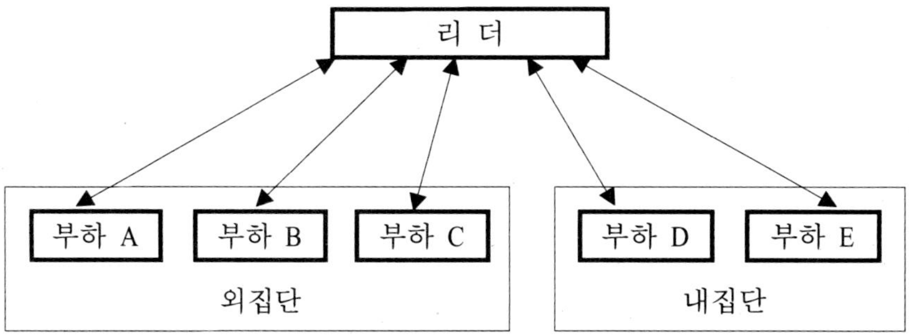

이 이론의 요점은 리더와 부하 사이에는 수직적인 1 : 1의 관계가 형성되지만(시간 제약 같은 이유 때문에) 리더-부하 관계가 무르익기도 전인 관계 형성 초기에 이미 리더-부하 사이에 특별한 관계가 있는 내집단과 그렇게 못한 외집단으로 분류된다는 것이다. 내집단과 외집단이 어떤 과정을 거쳐서 형성되는지는 분명치 않지만 대체로 부하의 능력과 학연·지연·인연 같은 리더와 부하 간에 공통적으로 통하는(compatible) 어떤 것들이 형성과정에 중요한 역할을 한다고 본다. 그리고 내집단에 대해서는 리더가 특별한 관심을 가지고 있고, 또한 책임과 자율성이 보장되는 일을 하고 있기 때문에 내집단은 외집단보다 근무성적도 높고 직무에 대한 만족감도 강하다.

4) 리더십 대체물 : 리더십을 대체할 수 있는 것들이 있는가?

개인·과업·환경·조직 관련 여러 특징이 리더 행위와 부하의 만족감과 성과사이의 관계에 영향을 미칠 수 있는 요인이 될 수 있다 (Kerr &

Jermier, 1978). 이 가운데 어떤 것은 부하의 동기부여와 만족감을 높이는 리더십 스타일이 어떤 것인지를 결정하는데 영향을 미치지만, 또 다른 어떤 것은 리더십의 대체물로 기능할 수도 있다. 즉 부하는 리더의 행위를 대체할 수 있는 여러 변수의 영향을 받는데, 그 가운데 일부는 리더의 행위를 중화시키는 작용을 하는 리더십 대체물이라는 것이다.

리더십 대체물은 리더의 능력을 무력화시킬 수 있으며, 여러 가지 조직 상황에서 흔히 볼 수 있는 현상인데도, 주도적인 리더십 이론들은 리더 행위와 부하의 만족감·성과 사이의 관계를 논의할 때 논의대상에 리더십 대체물을 포함하지 않고 있다. 리더십 대체물의 예로는(부하의) 능력, 판에 박힌 과업, 내재적으로 동기부여가 되는 과업, 응집력이 강한 집단, 리더가 통제할 수 없는 보상, 전문성 등이 있다.

리더십 대체물이 리더 행위와 부하 만족감·성과 사이의 관계에 미치는 영향의 예를 들어보면, 자신이 하는 일에 경험이 풍부하고, 훈련을 많이 받았으며, 지식이 풍부한 부하는 일을 스스로 알아서 잘 하기 때문에 과업을 구조적으로 짜려고 하는 과업지향적 리더를 필요로 하지 않는다. 즉 경험·지식·훈련이라는 변수는 과업지향형 리더 스타일이 부하의 동기부여와 만족감에 미치는 영향을 중화 또는 무력화시키는 역할을 한다는 것이다. 피드백이 자동적으로 제공되는 직무에 종사하고 있는 부하도 자신이 얼마나 잘하고 있는지를 알려주는 과업지향적 리더를 필요로 하지 않는다. 이 경우 피드백은 과업지향적 리더십의 대체물이 되는 것이다. 반면에 응집력이 강한 집단에 소속되어 있는 부하는 관계지향적인 리더를 필요로 하지 않는다. 집단 자체가 그런 유형의 리더를 대체할 수 있는 리더십 대체물로 기능하기 때문이다.

II. 현대 리더십의 제 역할[15)]

현대 조직의 팀제는 팀리더십과 멘터(mentor)를 요구하고 있다. 팀은 리더에게 어떤 독특한 요구를 하는가? 어째서 많은 유능한 리더들은 활발한 멘터인가? 리더는 어떻게 하면 종업원들의 셀프리더십 기술을 개발할 있는가? 이와 관련하여 셀프 리더십, 윤리적 리더십, 온라인 리더십에 대해서도 알아본다.

1. 팀 리더십 제공하기

리더십이 한 팀 내에서 일어나는 경우가 점점 증가하고 있다. 팀제의 인기가 높아짐에 따라 팀원을 이끄는 리더의 역할 또한 그 중요성이 강조되고 있다. 팀 리더의 역할은 일선 감독자들에 의해 수행되던 전통적인 리더십 역할과는 다르다.

유능한 리더는 팀을 내버려둘 때와 자신이 나서야 할 때를 아는 균형을 잃지 않는 처신에 통달한 사람이다. 초보 팀 리더들은 팀원에게 좀 더 많은 자율이 필요한 때 너무 규제하려 든다든지 팀에 대한 지원과 원조가 필요한 때에 방치 하는 우를 범할 수 있다. 연구에 의하면 모든 리더들이 맡아야 하는 어떤 공통의 책임이 있는 것으로 드러났다 (Steckler & Fondas, 1995:20).

여기에는 코칭, 촉진, 징계문제의 처리, 팀과 개인성과 검토, 훈련 및 의사소통 등이 포함되며 이들 책임의 많은 부분은 일반 관리자들에게도 적용된다. 팀리더의 의무를 기술하기 위한 좀더 의미 있는 방식은 두 가지의 우선사항, 즉 팀의 외부 경계 관리와 팀 과정의 촉진 등에 초점을 맞추는 것이다. 이러한 우선 사항을 네 가지 세부역할로 분류할 수 있다.

---

15) 글쓴이와 박노율이 2007년 4월에 출간한 '조직과 인간행동' 229-235쪽에 있는 '현대 리더십이론의 제 역할'을 그대로 전재하였다.

첫째, 팀 리더는 외부 인물들과의 연락책(liasons with external constituency)이다.

여기에는 고위 경영자, 내부의 다른 팀, 고객, 공급업자들이 포함된다. 리더는 주변의 다른 사람들에게 팀을 대표하고 필요한 자원을 확보하며 팀에 대한 타인의 기대를 명확하게 설명하고 외부로부터 정보를 수집하며 그리고 이 정보를 팀원들과 공유한다.

둘째, 팀 리더는 문제해결사(trouble shooter)이다.

팀에 문제가 있어서 도움을 요청하면 팀 리더는 회의에 참여해 팀원들의 문제 해결 노력에 도움을 준다. 리더는 예리한 질문을 던지고 팀이 문제에 관해 의논하는 것을 도와주며 외부인물로부터 필요한 자원을 구해줌으로서 가장 큰 기여를 할 수 있다.

셋째, 팀 리더는 갈등 조정자(conflict manager)이다.

의견차이가 발생할 때 팀 리더는 갈등의 처리를 돕는다, 갈등의 출처는 어디인가? 관계 당사자는 누구인가? 쟁점은 무엇인가? 사용 가능한 해결책에는 어떤 것들이 있는가? 그 해결책들의 장단점은 각각 무엇인가? 팀원들로 하여금 이러한 질문들을 제기하게 함으로서 팀 리더는 팀 내부갈등의 부정적 측면을 최소화 한다.

마지막으로 팀 리더는 코치(coach)이다.

코치는 기대와 역할을 분명하게 하고, 가르치며, 지원을 제안하고, 응원해 용기를 주며, 팀구성원들을 도와 그들의 작업성과를 개선하는데 필요한 일이라면 어떤 일이든 한다.

2. 멘터링

많은 리더들이 멘터링 관계를 맺는다. 멘터(mentor)란 경험이 적은 후배직원(부하)을 후원하고 지원하는 선배직원을 말한다 (Zachary, 2000). 멘터링의 역할은 코치・조언・후원이다. 멘터들은 코치로서 부하의 기술함양을 도우며, 조언자로서 지원을 제공하고 부하의 자신감 강화를 돕는다. 또한 후원자로서 부하를 위해 개입하고, 부하가 쉬운 일을 맡도록 로비하며 승진이나 임금인상과 같은 보상을 얻을 수 있도록 정치활동을 한다.

성공적인 멘터는 훌륭한 교사와 같다. 성공적인 멘터들은 아이디어를 분명하게 표현하고, 경청하며, 부하의 문제를 중요하게 생각한다. 이들은 부하와 경험을 공유하고 역할모델이 되어주며 인맥을 공유하고 조직의 정치적 미로를 통과하기 위한 이정표를 제공한다.

멘터들은 조직에서 살아남는 법과 성공하는 법에 관해 조언하고 지도하며 부하가 직속상관과 공유하기를 주저하는 아이디어의 공명판 역할을 하기도 한다. 멘터는 부하의 보증인이 되고 조직 내의 최상층부에서 그를 대변하며 적절한 소개를 해준다.

가장 효과적인 멘터링 관계는 직속상사-부하 공유 영역 밖에서 존재한다. 상사-부하관계에는 기본적인 이익갈등과 긴장이 있는데 이것은 주로 부하직원의 성과에 대한 관리자의 직접적인 평가 때문이다. 이는 개방성과 의미있는 의사소통을 제한한다.

그렇다면 리더는 왜 멘터가 되고 싶어 할까? 조직뿐만 아니라 리더 개인에게도 이익이 되기 때문이다. 멘터-부하 관계는 멘터가 여과되지 않은 하위 종업원들의 태도와 감정에 접근할 수 있게 해준다. 부하들은 조기 경고신호를 보내줌으로써 앞으로 일어날 수 있는 문제를 미리 알려주는 뛰어난 정보원 역할을 할 수 있다. 이들은 상위 관리자에게 시의적절한 정보를 제공함으로써 공식 경로를 단축시킨다. 따라서 멘터-부하 관계는 문제가 있다는 소식을 상부가 알기 전에 멘터가 먼저 알 수 있게 해주는 유용한 의사소통 경로이다. 멘터링은 이들이 수년에 걸쳐 축적해온 지식과 경험을 타인과 공유할 기회를 제공한다. 조직의 입장에서 멘터링은 높은 잠재력을 지닌 종업원을 위한 지원 시스템을 지공한다. 멘터가 존재할 경우 부하 직원을 더욱 의욕에 넘치고 정치적 기반이 더욱 안정적이며 그만둘 확률이 낮다. 예를 들어, 최근 연구 결과를 광범위하게 검토해본 결과 멘터링이 부하들에게 상당한 혜택을 제공한다는 사실을 알게 되었다. 자세히 말해서 멘터훈련을 받은 종업원은 그렇지 않은 종업원들에 비해 더 많은 보상을 받고 더 자주 승진 했으며 그리고 자기 경력에 더욱 만족했다.

3. 셀프 리더십

자기가 자기 자신을 리드하는 것이 가능할까? 일련의 연구들은 이와 같은 일이 가능하다는 것을 보여주고 있다 (Manz, 1986). 셀프리더십(self-leadership)의 지지자들은 개개인이 자신의 행동을 통제하기 위한 일련의 과정이 있다고 주장하고 있다. 유능한 리더는 추종자들이 스스로를 리드할 수 있도록 도움을 준다. 그들은 다른 사람들의 리더십 능력을 키우고 추종자들이 지시와 동기부여를 위해 더 이상 공식 리더를 따르지 않아도 되게끔 그들을 양성함으로써 이를 가능케 했다. 리더는 어떻게 셀프리더를 만드는가?

1) 셀프 리더십의 모델을 만든다.

자아관찰, 도전할만한 개인적 목표설정, 자기지도 및 강화를 연습한다. 그러고 나서 이러한 행동을 몸소 보여주고 타인으로 하여금 연습하도록 한다.

2) 종업원들에게 자아설정 목표를 세우도록 권장한다.

양적인, 구체적 목표를 갖는 것이 셀프리더십에서 가장 중요하다.

3) 자기 보상을 권장해 바람직한 행동을 강화하고 증가시킨다.

자기보상은 권장하고 이와는 반대로 자기 처벌은 해당 종업원이 부정직하고 파괴적인 경우로 국한되어야 한다.

4) 긍정적 사고유형을 고안한다.

종업원을 격려해 스스로 동기를 더 많이 부여할 수 있도록 마음을 가다듬고 자기 대화를 하게한다.

5) 셀프리더십의 분위기를 조성한다.

어떤 직무에 대한 자연스러운 보상기회를 늘리기 위해 작업을 재설계하고, 작업에 더 많은 동기를 부여하기위해 이러한 자연스러운 보상 측면에 초점을 맞춘다.

6) 자아비판을 조장한다.

각 개인으로 하여금 그들 자신의 성과에 비판적이도록 한다.

셀프리더십 이면에 놓여있는 기본 가정들은 사람들은 책임감이 있으며 능력이 있고 상사, 규칙 혹은 규정과 같은 외부 제약 없이도 솔선수범한다는 것이다. 적절한 지원만 주어진다면 개인은 자신의 행동을 감시하고 통제할 수 있다.

팀의 인기가 높아지면서 셀프리더십의 중요성도 증가했다. 셀프리더십 훈련은 종업원들로 하여금 종속에서 자율로 전환할 수 있도록 도움을 주는 뛰어난 방법이 될 수 있다.

4. 윤리적 리더십

비윤리적인 리더는 이기적 목적에 치우쳐 자신의 카리스마를 이용해 추종자들에게 권력행사를 강화하려 하지만, 윤리적 리더는 다른 사람들에게 도움을 주기 위해 자신의 카리스마를 건설적인 방식으로 이용한다고 인식되고 있다 (Howell & Avolio, 1992:43-55). 최고 경영자는 한 조직의 도덕적 분위기를 설정하기 때문에 높은 윤리적 기준을 세우고 그러한 기준을 행동으로 보여주며 그리고 타인의 성실을 격려하고 보상해 주어야 한다. 리더십 효과성은 리더가 목표뿐만 아니라 목표를 달성하는 과정에서 사용하는 수단을 다룰 필요가 있다.

윤리적 리더십은 리더의 목표의 내용을 전하지 않으면 안 된다. 그 리더가 조직을 위해 추구하는 변화가 도덕적으로 받아들일만한 것인가? 기업의 리더가 사용자의 건강을 해치는 제품을 팔아서 조직의 성공을 이룬다면 그 리더를 유능하다고 할 수 있을까? 리더십은 가치부재 개념이 아니다. 어떤 리더가 유능한지 판단하기에 앞서, 우리는 목적 달성을 위해 그 지도자가 사용한 수단과 그러한 목적의 도덕적 취지 모두를 살펴야 할 것이다.

5. 온라인 리더십

물리적으로 떨어져 있으며 디지털 커뮤니케이션에 의해서만 상호작용 하는 사람들을 어떻게 리드할 것인가? 리더십연구는 거의 대면 상황 및 언어 사용이 가능한 상황에만 한정되어왔다. 그러나 오늘날의 관리자와 그 관리자의 종업원들이 지리적 근접성보다는 점점 네트워크에 의해 연결되고 있는 현실을 무시할 수 없다 (Avolio, Kahail, & Dodge, 2000:615-618). 많은 관리자들은 직원과 의사소통하기 위해 정기적으로 전자메일을 사용하고 가상의 프로젝트나 팀을 감독하고 직원들과 원격통신이나 컴퓨터와 모뎀으로 연결되어 있다. 리더는 글을 통해 카리스마를 전할수도 있겠지만 온라인 리더십을 효과적으로 전달하기위해서는 어휘・구조・어조・디지털 커뮤니케이션의 방식 등이 필요하다는 사실을 알아야한다. 온라인 리더들은 메시지의 정서적 요소를 해독하는 기술을 개발할 필요가 있다.

제 3 부

전체 조직 차원의 변수

10장 조직구조와 설계[16)]

I. 조직구조

조직구조는 조직이 지향하는 목표를 달성하는데 도움이 되도록 만들어진 안정적인 '틀(framework)'로서, 그 틀 속에서 구성원은 직무를 수행하고 팀과 부서는 맡은 바 임무를 수행한다. 즉, 조직구조는 조직이 목표를 원활하게 달성하도록, 그리고 구성원의 목표지향 행동을 올바르게 하도록 유도하기 위해서 존재한다고 할 수 있다.

조직구조는 상부구조(superstructure)와 하부구조(infrastructure)가 혼합된 것인데, 상부구조가 조직 차트에서 볼 수 있는 조직의 공식적인 뼈대라면, 하부구조는 조직 차트에는 드러나지 않는 소프트웨어(software)적인 수많은 특징을 포함하고 한다.

1. 조직구조의 구성요소

조직구조는 목표달성에 필요한 구성원의 역할과 행동을 효과적으로 통합·조정하기 위해서 존재한다. 따라서 조직구조는 (1) 직무의 분업화 또는 전문화, (2) 권한 부여 또는 이양, (3) 부문화, (4) 통제의 폭 등의 문제 등과 밀접하게 관련되어 있다.

---

16) 이 장은 글쓴이의 '새조직이론' (2001년 2월 출간) 제14장, '현대조직론' (2003년 4월 출간) 제14장, '조직행동론' (2005년 4월 출간) 제 14장, 글쓴이와 박노율의 '조직과 인간행동' (2007년 4웕 출간) 제13장에 있는 '조직구조와 설계'에 대한 내용을 종합하여, 글쓴이가 새롭게 편집하였다.

조직구조의 구성요소를 그림으로 만들어 보면 다음과 같다.

<그림 19> 조직구조의 구성요소

분업	높음	전문화의 정도	낮음
권한	낮음	이양의 정도	높음
부문화	유사함	직무를 통합하는 근거	이질적임
통제의폭	적음	부하의 수	많음

(출처 : Gibson, Ivancevich, & Donnely, 1994: 421)

일반적으로 조직구조는 위에 있는 수평 연속선상의 양극단에 존재한다. 연속선상의 왼쪽에 존재하는 조직구조는 분업의 정도는 높고, 권한이양의 정도는 낮으며, 유사한 직무들을 한 군데 모아서 부서를 만들고, 한 명의 상사가 관리하는 부하의 숫자는 적다는 특징을 가지고 있는데, 이런 조직구조를 흔히 (1) 기계적 · 고전적 · 공식적 · 관료적 구조 등의 이름으로 부르고, 이것과는 정반대의 특징을 가지고 있는 오른 쪽에 존재하는 조직구조는 (2) 유기적 · 신고전적 · 비공식적 · 비관료적 구조 등의 이름으로 부른다.

(1) 기계적 조직은 높은 분업화, 집중화된 권한과 명령 체계, 유사성을 바탕으로 하는 기능적 부문화, 좁은 통제의 폭 등의 관료적인 특징을 많이 가지고 있다. 생산성과 효율을 강조하고, 규정과 절차를 강조하는 기계적 조직은 환경이 안정적일 때 매우 적합하다.

(2) 적응과 개발을 강조하고, 신축적인 구조, 유연한 과업, 상담적인 커무니케니션을 사용하는 유기적 조직은 새로운 문제가 끊임없이 나타나는 역동적인 환경에서 매우 적당하다.

1) 분업(division of labor) 또는 전문화(specialization)

조직은 전체 과업을 구체적인 직무로 세분하고, 각 직무에 필요한 과업과 활동을 결정하는데, 이러한 결정의 결과는 분업과 전문화의 정도로 나타난다.

분업과 전문화는 이직 · 전직 · 결근 등으로 빠진 사람을 대체하기 쉽고, 과업수행 능력이 높아지며, 상품이나 서비스의 질이 높아진다는 이점을 가지고 있다. 그러나 분화되고 전문화된 조직시스템 속에서 한 두 가지 일만 해야 하는 구성원은 지루함, 따분함, 피로, 소외 등의 문제와 마주하기 쉽다는 사실도 지나쳐서는 안 될 것이다.

2) 권한 이양(delegation of authority)

사람의 집합체인 조직은 목표를 달성하기 위해서 구성원에게 권한을 배분하고 이양해야 한다. 따라서 조직구조를 설계할 때 고려해야 하는 다른 중요한 사항은 구성원에게 권한을 어떻게 배분하고, 얼마나 이양해야 하는가를 결정하는 일이다.

조직이 권한을 하위구성원에게 이양할 때, (1) 환경은 빠르게 변하며, 결정은 신속하게 내려야 하는가, (2) 조직의 규모와 성장 가능성은 어떠한가, (3) 권한을 이양할 때 따르는 위험은 어떠한가, (4) 커뮤니케이션 네트웍은 잘 작동하고 있는가 (Dale, 1967; Gibson et. al., 1994: 490-495) 등의 문제를 잘 고려해야 한다.

3) 부문화(departmentalization)

분업과 전문화를 통해서 조직을 최소한의 단위로 세분하고 나면, 단위가 너무 많아지기 때문에 분화된 직무를 다시 효율적으로 관리 · 통제해야 할 필요성이 생긴다. 분화된 직무는 전체 과업의 일부이기 때문에 상호 관련되고 의존하는 정도에 따라 각각의 직무를 다시 통합·조정하여, 조직과 구성원이 정해진 순서와 방식에 따라 직무를 수행해야 한다는 것이다.

조직의 규모와 분화된 직무의 수가 늘어날수록 정해진 관리자가 효과적으로 통제·조정할 수 없는 시기가 오는데, 이때 조직은 분화된 직무를 통합할 근거(basis)를 정하고, 그것을 바탕으로 동질적인 직무와 이질적인 직무를 따로 구분할 수 있는 부서(department)를 만들게 된다. 분화된 직무를 효율적으로 관리하기 위하여 직무를 부서로 통합할 때, 통합 또는 부문화의 근거(basis)를 정해야 하는데, 부문화의 근거로 널리 쓰이고 있는 것은 다음에 논의할 기능·지리·제품·고객 등이다(Gibson et. al., 1994: 478-490; Northcraft & Neale, 1990: 671-680).

(1) 기능에 따른 부문화 (functional departmentalization)

조직이 목표달성을 위해 수행하는 특정한 활동을 기능(function)이라고 부른다. 제조업체에서 필요한 기능은 생산·마케팅·재무·인사·IT 등이다. 많은 업체는 매우 세분화된 직무를 비슷한 정도에 따라 생산·영업·재무·인사·IT 기능으로 통합하여, 생산부·영업부·재무관리부·인사부·전산부 등의 이름으로 부르는데, 이것은 기능적 부문화의 좋은 예라고 할 수 있을 것이다.

(2) 지리적 위치에 따른 부문화 (territorial departmentalization)

넓은 지역을 대상으로 활동하는 대형 조직은 지사·지점·부서가 지역적으로 너무 분산되어 있어 중앙에서 효율적으로 통제·조정하기가 어려운 경우가 많은데, 이때 지리적 위치에 근거하여 직무를 통합하는 것은 매우 효과적일 수 있다. 예를 들면, 전국 규모의 은행이나 할인점의 경우 영남지역본부, 호남지역본부, 충청지역본부 등을 운영하는 경우가 있는데, 이것은 지리적 위치에 따른 부문화의 좋은 예가 될 것이다.

(3) 제품에 따른 부문화 (product departmentalization)

제품이나 서비스의 종류가 아주 많은 다각화 기업에서는 생산하는 제품이나 서비스에 따라 직무를 통합할 수 있다. 예를 들면, 전자제품 업체의 경우, 가전 부문, 반도체 부문, 휴대폰 부문, 컴퓨터 부문 등으로 직무를 통합할 수 있다. 한 기업이 생산 · 판매하는 제품이나 서비스의 수가 많아져서 본사에서 모든 제품을 통합적으로 관리하는 것이 어려워지면, 제품에 따른 부문화가 조직의 효율성을 높일 수 있는 좋은 방법이 될 수 있다. 이 방법에 따르면 어떤 제품이나 서비스를 생산 · 판매하는 일과 관련된 모든 직무는 한 명의 관리자의 휘하에 들어가게 된다. 어떤 기업이 제품다각화를 통해서 성장하게 되면, 제품에 따른 단위 부서를 설치하는 것이 훨씬 더 효율적이 될 수 있다.

(4) 고객 유형에 따른 부문화 (customer departmentalization)

고객 유형에 따른 직무 통합도 얼마든지 가능하다. 교육기관은 중학교 · 고등학교 · 대학교, 은행은 개인 여신부와 법인 여신부, 백화점은 유아복 · 아동복 · 학생복 · 성인복 부서 등 고객 유형에 따라 직무를 부문화하고 있기 때문이다.

(5) 혼합 부문화(mixed departmentalization)

혼합 부문화는 위의 네 가지 근거 가운데 필요한 것을 섞어서 사용하는 것이다. 부문화의 근거(basis)로 한 가지만 사용하는 것이 아니라 필요에 따라 수시로 바꾸는 것인데, 전국 규모 은행의 경우 법인이 많이 모여 있는 서울 강남지역에 '강남지역 법인여신본부' 를 만들 수 있는데, 이것은 지리적 위치와 고객 유형에 따른 부문화를 혼합한 부문화의 좋은 예가 될 것이다.

4) 통제의 폭 (span of control)

비슷한 직무를 모아서 부서를 만들 때, 조직은 한 명의 상사에게 보고해야 하는 부하의 적정 숫자인 '통제의 폭'을 결정해야 한다. 일반적으로 통제의 폭은 한 명의 관리자가 얼마나 많은 사람을 관리할 수 있는가와 관련된 문제이기 때문에, 통제의 폭이 넓을 때 조직이 효과적인가 아니면 좁을 때 효과적인가라는 문제와도 관련이 있고, 부서의 관리자가 다룰 수 있는 인간관계의 양을 결정하는 문제와도 관련이 있다. 그리고 통제의 폭에 대한 결정은 공식적인 부하는 물론 관리자와 관련이 있는 다른 사람들과의 관계도 포함해서 내려야 한다. 관리자는 직속 부하를 책임져야 함은 물론이고 조직 내의 다른 위원회나 태스크포스 팀의 관리자로 일하는 경우가 있기 때문에 이런 것들도 통제의 폭을 결정할 때 감안해야 한다.

부하의 수가 산술급수적으로 증가한다면 리더와 부하 그리고 부하 사이의 인간관계의 수는 기하급수적으로 증가한다. 따라서 통제의 폭을 결정하는데 있어서 가장 먼저 고려해야 할 것은 '가능한' 인간관계의 수가 아니라 '실제로 일어나고 있는' 인간관계의 수이다 (Gibson et. al., 1994: 488). 관리자와 부하 사이에서 생길 수 있는 인간관계 가운데는 가능하기는 하지만, 실제로는 일어나지 않거나, 일어나더라도 현실적인 의미에서 별로 중요하지 않은 관계들이 많기 때문이다 (이창원 · 최창현, 1996: 470).

2. 조직구조를 알 수 있는 척도

조직구조는 앞에서 논의한 네 가지 구성요소를 어떻게 활용할 것인가에 따라 다르게 된다. 조직구조를 설명하기 위한 많은 개념이 있지만, (1) 공식화, (2) 집중화, (3) 복잡함의 세 가지가 조직구조를 구분하고 판단하는데 가장 광범위하게 쓰이는 차원이다 (김병섭 · 박광국 · 이종열, 1995: 77-83; 이창원 · 최창현, 1997: 449-473; Gibson et. al., 1994: 495-497).

1) 공식화 (formalization)

공식화는 과업을 수행하는 수단과 그 결과를 구체적인 문서로 표현하는 '문서화의 정도'를 뜻한다. 공식화의 정도가 높다는 것은 구성원과 부서가 해야 할 일에 대한 대부분의 규정과 절차가 문서로 준비되어 있다는 뜻이 된다.

조직구조를 설계할 때 고려해야 할 네 가지 포인트의 관점에서 보면, 분업화와 권한 이양의 정도가 높을 때, 기능적인 부문화를 사용할 때, 통제의 폭이 넓을 때 공식화가 심화되는 경향이 있다. 분업이 심화되면 문서로 된 규정과 절차가 필요하게 되며, 권한을 많이 이양할 때도 이양된 권한의 사용을 견제할 필요가 생기기 때문에 문서화가 심화된다. 기능적 부문화도 직무의 유사성과 단순성 때문에 부서활동을 조정할 문서를 많이 쓰게 되고, 통제의 폭이 커지면 관리자가 다루어야 할 부하가 많아져서 문서로 부하와 소통하는 경우가 많아진다.

2) 집중화 (centralization)와 분권화 (decentralization)

집중화는 의사결정권이 상부에 몰려 있는 정도를, 분권화는 하부에 이양되어 있는 정도를 설명하는 개념이다. 집중화와 분권화 개념은 단순해 보이지만 사실은 매우 복잡하다. 왜냐하면 같은 위치(지위)에 있는 사람이라고 해도 결정할 때 가질 수 있는 재량권이 다를 수 있고, 조직전체의 관점에서 보면 모든 결정이 다 중요한 것도 아니며, 직무설명서에는 권한이 있다고 적혀 있더라도, 사람들은 실제로는 자신이 권한을 가지고 있다고 생각하지 않는 경향이 있기 때문이다.

조직구조를 설계할 때 고려해야 할 네 가지 포인트의 관점에서 보면, 분업화의 정도가 높고, 권한이양의 정도가 낮으며, 기능적인 부문화를 사용하고, 통제의 폭이 넓은 조직은 집중화된 조직구조를 사용하는 경향이 있다. 고도로 전문화된 직무에는 재량권이 별로 필요하지 않기 때문에 집중화의 정도는 높아지고, 최고 경영진이 하부에 권한을 이양하지 않아서 권한이양의 정도가 낮을 경우에도 집중화의 정도는 높아질 것이다. 기능적 부문화를 사용하게 되면 최고경영자가 통합을 위한 권한을 계속 보유할 가능성이 크기 때문에 집중화의 정도가 높을 것이고, 통제의 폭이 넓다는 것은 직무가 전문화했다는 뜻이므로 집중화의 정도도 높아진다.

3) 복잡함 (complexity)

작업을 세분화하고 부서를 만들 때 나타나는 현상인 복잡함이라는 개념은 직무명칭, 작업단위, 부서와 직업별 집단 등의 숫자와 관련이 있다. 복잡함이란 개념이 내포하고 있는 기본적인 아이디어는 많은 유형의 직무와 작업단위가 있는 조직에는 관리상의 문제가 발생한다는 것이다. 그래서 복잡함이란 직무와 작업단위를 다루는 개념이기 때문에 분화(differentiation)라는 용어와 동의어로 쓰이기도 한다. 분화에는 수평적 분화와 수직적 분화가 있는데, 전자는 조직위계상 같은 단계에 위치하면서도 서로 다른 직무를 수행하는 작업단위의 수라는 의미로, 후자는 조직 내의 단계(level)의 수라는 의미로 사용하는 것이 일반적인 관례이다.

II. 조직설계와 보편적 접근법

조직설계는 조직구성원들의 역할과 행동을 효과적으로 묶어서 조직구조를 만들어 내는 과정이다. 조직설계에 관한 최초의 아이디어는 조직을 설계하는 최상의 방법은 한 가지뿐이라는 것이었다. 이것을 보편적 접근법이라 부르는데, 보편적 접근법에는 기계적 설계법과 유기적 설계법 두 가지가 있다. 생산과 효율을 중시하는 기계적 설계법은 고도의 분업, 유사성에 근거한 부문화, 좁은 통제의 폭, 상대적으로 집중화된 권한체계 등을 강조한다면, 유기적 설계법은 낮은 정도의 분업, 이질성에 근거한 부문화, 넓은 통제의 폭, 분권화된 권한체계 등을 강조한다. 유기적 설계법은 인간관계론의 대두와 행태론적 접근법에 대한 관심이 커지면서 기계적 설계법에 대한 대안으로 나타났는데, 이 설계법은 생산과 효율보다는 구성원의 만족감, 적응도, 개발능력 등을 더 강조하고 있다.

1. 기계적 설계법

앞에서 설명한 대로 기계적 설계법은 생산과 효율을 강조하고 규정, 절차, 집중화된 권한 체계, 고도의 분업 등을 활용하는데, 프랑스의 사회학자인 Fayol의 모델과 Weber의 '관료제' 모델이 기계적 설계법의 좋은 예라고 할 수 있다.

1) Henri Fayol의 고전관리학파

고전관리학파는 공식화와 집중화의 정도는 높지만, 복잡함의 정도는 낮은 조직이 가장 좋은 조직이며, 조직설계의 주목적은 적응력과 개발능력 향상이 아니라 생산성과 효율성을 극대화시키는 것이라고 주장한다. Fayol은 조직을 설계할 때 고려해야 할 많은 원칙을 제시하였다 (Fayol, 1949).

(1) 분업(전문화)의 원칙

분업은 개인과 집단을 제대로 활용할 수 있는 최상의 수단이다.

(2) 지휘 통일의 원칙

직무는 전문성을 바탕으로 부문화해야 하기 때문에 가장 좋은 것은 기능적 부문화이다.

(3) 권한–책임 상응의 원칙

관리자는 책임에 상응하는 권한을 가져야 한다. 최고관리자의 책임은 하위관리자의 책임보다 훨씬 중요하다. 이 원칙에 따르면 권한은 상부로 집중될 수밖에 없는데, 최고관리자의 책임이 훨씬 무겁다는 이유 외에도 조직 상부의 일이 훨씬 더 복잡하고, 다루어야 할 사람도 많기 때문이다.

(4) 계단식 명령체계의 원칙

앞의 세 가지 원칙을 잘 따르게 되면, 최고관리자에서 최하위 근로자에 이르는 체계적인 계단식 명령체계가 나타나고, 이 체계를 통해서 조직 내 모든 명령 · 지시 · 결정 · 커뮤니케이션 등이 움직이게 된다.

2) Weber의 관료제 (bureaucracy)

고전관리학파의 조직설계 방법과 유사하지만, 공공조직에 적용하기 쉬운 조직설계법이 Weber가 주창한 관료제를 활용하는 것이다. 관료형 조직인 관료제 역시 효율성과 생산성을 강조하는 기계적 조직의 하나인데, 관료제는 다음과 같은 특징을 가지고 있다.

첫째, 전문화와 분업을 강조한다.

둘째, 조직 내의 지위는 정해진 위계에 따라 배열된다.

셋째, 추상적인 규정이 존재하며 조직의 공식적이 기능은 이들 규정에 따른다.

넷째, 조직 내의 인간관계는 사적(私的 personal)이지 않고 공식적이다. 인간관계를 지배하는 기본정신은 미움 · 사랑 · 열정 등 개인적 특성이 아닌 법과 규정 같은 공식적 특성이다.

다섯째, 조직이 필요로 하는 것은 전문가 정신(professionalism)이다. 따라서 조직에서 일을 하려면 기술적 전문지식(professional expertise)을 보유해야 하며, 조직에서 일하는 것은 일종의 소명이다.

2. 유기적 설계법

유기적 설계법은 행태론, 집단적 리더십, 참여하는 의사결정에 바탕을 두고 있다. 유기적 설계법을 지지하는 사람은 장기적인 관점에서 볼 때 이 방법이 구성원의 적응력과 개발능력을 더 효과적으로 향상시킬 수 있다고 주장한다. 유기적 설계법을 활용하는 조직은 다음과 같은 특징을 가지고 있다

(Gullet, 1975).

첫째, 유기적 조직은 직무나 직위가 아니라 지식과 능력으로 사람을 평가한다.

둘째, 유기적 조직에서 지위와 전문성은 아무런 관계가 없다. 조직은 하위직 구성원의 경험과 전문성을 활용하기 위하여 하부로 권한을 이양하기 때문에 조직구조가 분권화되어 있다.

셋째, 유기적 조직에서는 커뮤니케이션이 사선(斜線 lateral)을 따라 자유롭게 전달된다. 또한 다양한 전문적 경험을 통해서 얻은 정보를 공유하기 위한 프로젝트 팀(project team)과 태스크 포스(task force)를 부서나 작업집단 사이의 연락 부서로 활용한다.

III. 조직설계와 상황적 접근법

조직이 처해 있는 특수상황이나 주변환경과는 상관없이 최상의 조직설계 방안을 모색하는 보편적 접근법에 대한 대안으로 나타난 것이 상황적 접근법이다.

상황적 접근법의 요점은 조직설계 방법은 조직의 규모・역사・기술 또는 경제적 불확실성 같은 상황변수에 따라 달라져야 한다는 것이다. 상황적 접근법은 조직이 '한 가지 최상의 방법(one best way)' 관점에서 조직설계에 접근할 것이 아니라, 조직이 처해 있는 상황에 어울리는 최적의 구조를 어떻게 설계할 것인가를 고민해야 한다고지적한다. 따라서 이 접근법에 따르면 조직은 기계적 방법과 유기적 방법 가운데 어떤 것이 더 좋은가보다는, 조직이 처한 상황에서 어떤 설계법이 더 잘 어울리는가를 고민해야 한다고 한다.

조직을 설계할 때 감안해야 하는 상황요인에는 조직이 얼마나 큰가를 나타내는 (1) 규모, 재화나 서비스를 만들 때 사용하는 (2) 기술, 조직이 처해 있는 (3) 환경 등이 있다.

1. 규모

조직의 규모는 조직구조에 영향을 미친다. 조직이 성장하면서 규모가 커지게 되면 조직구조에도 어쩔 수 없이 변화가 생기기 때문이다 (Pugh et al., 1968). 조직의 규모가 커지면, 과업은 세분되고 조직단위는 분화되어 분권화된다. 또한 조직 내부 규정 등을 말이 아닌 글로 만드는 문서화와 공식화가 진행되고, 조직 내 관리 계층은 더 많아지고, 통제의 폭도 넓어진다. 즉 규모가 커지면 조직은 더 세분화・분권화・공식화・구조화된다고 할 수 있다.

2. 기술

자동차를 만드는 기업과 휘발유를 만드는 기업의 조직구조가 다를 수밖에 없다는 사실에서 알 수 있듯이, 조직이 사용하는 기술 또한 조직구조와 조직설계에 영향을 미친다.

1) Woodward의 연구

Joan Woodward(1965)는 조직이 사용하는 기술이 조직구조를 결정한다고 주장하였다. 그녀는 많은 연구가 기술과 같은 상황변수를 고려하지 않았다고 비판하면서, 조직이 사용하는 기술은 구조(structure)나 과정(process)만큼 중요한 역할을 하고 있다고 주장하였다.

Woodward 연구의 결론은 소량 생산기술과 연속공정 생산기술을 사용하는 조직에는 유기적인 조직구조가, 대량 생산기술을 사용하는 조직에게는 기계적인 조직구조가 적합하다는 것이다. 그녀는 나중에 발표된 연구를 통해서 초기 연구내용을 일부 수정하여, 기술은 대규모 조직보다는 소규모 조직에서 더 중요한 상황변수가 될 수 있다고도 주장하였다.

2) Thompson의 연구

Thompson(1967)은 기술을 조직내부 과업 상호의존도(task interdependence)에 따라 기술을 연속형 기술 (연속형 상호의존), 중개형 기술 (전체적 상호의존), 집약적 기술 (호혜적 상호의존)의 세 가지 유형으로 나누고, 각 유형과 부서활동과 의사소통 조정방식 사이의 관계를 분석하였다. 연구에 따르면 과업 상호의존도와 기술형태에 따라 부서활동과 의사소통 조정방식이 다르다는 사실을 발견하였다.

Thompson의 연구도 조직이 사용하는 기술이 부서활동과 의사소통 조정방식에 영향을 미치고, 그 결과로 조직구조에도 변화를 줄 수 있다는 점을 시사하고 있다.

3. 환경

Lawrence와 Lorsch(1967)는 조직구조가 외부환경과 잘 어울리도록 만드는 것이 가장 좋은 조직설계라고 주장한다. 연구결과에 따르면 외부환경이 다양하면서도 불확실하다면 조직구조는 유기적으로, 외부환경이 동질적이면서도 확실하다면 기계적으로 된다고 한다.

또 그들은 조직 내부의 하부구조도 매우 다르다는 것을 발견하였다. 조직은 많은 내부조직으로 구성되어 있고, 각 내부조직 또한 내부환경을 가지고 있기 때문에, 전체 조직은 여기에 맞도록 구조화되어 있다고 한다. 그들은 이 내부환경을 분화(differentiation)와 통합(integration)이라는 개념을 사용하여 설명하였다. 분화가 조직내부 단위의 구조적 · 행태적 특징이 다르기 때문에 생기는 차이라면, 통합은 과업달성을 위해 조직내부 단위가 경주하는 노력을 결합하는 것이라고 할 수 있다. 이 분화와 통합이라는 개념은 부서 사이의 다양성을 촉진하는 문제와 조직내부 단위부서가 경주하는 노력을 조화롭게 결합하는 문제 등을 잘 설명해 준다고 할 수 있다.

IV. 현대 조직의 구조[17)]

1. 수평적 조직구조

수평적 조직구조는 특정과업의 수행과정에 참여하는 모든 사람을 팀으로 함께 묶은 결과로 형성된 현대 조직의 특징이다. 이 조직구조는 과업이나 기능 또는 지리적 위치가 아니라 여러 기능들이 망라된 핵심과정(core process)을 바탕으로 형성된다. 따라서 부서 사이의 구분은 무의미해지고, 개인보다는 자체관리 팀을 기초로 조직구조를 설계한다. 어떤 과정(process)을 담당하고 있는 팀은 과정의 수행에 필요한 조정작업을 포함한 모든 책임을 진다. 과정에 대한 모든 책임을 지기 위해서는 수평적 조직의 구성원들은 업무수행에 필요한 충분한 기능과 장비를 가지고 있어야 하며, 창의적으로 사고할 자유와 권한도 있어야 한다. 또한 업무수행에 필요한 적정수준의 동기부여도 필요하고 핵심적인 분야에 대한 결정권도 가지고 있어야 한다. 그리고 필요하다면 팀 내 다른 구성원들의 업무를 대신 맡을 수 있도록 훈련을 받아야 할 것이고, 이들이 갖추게 될 공동기능은 조직의 중요한 과업을 성취할 수 있도록 충분히 개발되어야 할 것이다 (Daft & Noe, 2001:535-537).

수평적 조직은 수직적 조직과 같은 전통적 조직에 비해서 환경변화에 신속하게 대응할 수 있고 개인보다는 팀워을 중시한다는 등의 장점이 있는 것도 사실이지만 조직구조 개편 과정에서 많은 시간과 비용이 소요되며 권력을 읽게되는 중하위 관리자들의 반발이 심하다는 단점이 있는 것도 사실이다.

1) 수평적 조직의 장점

(1) 수평적 조직은 대규모 조직 속의 소규모 조직인 팀 위주로 운영되기

---

17) '현대 조직의 구조' 부분은 글쓴이와 박노율이 같이 쓴 '조직과 인간행동' (2007년 4월 출간) 제13장 '조직구조와 설계' 가운데 257-261쪽 내용을 전재하였다.

때문에 기술이나 외부환경의 변화에 대해서 신속하면서도 유연하게 대응할 수 있다.

(2) 팀 중심 조직은 고객층의 변화 대해서 관심을 가지고 신속하게 대응할 수 있다.

(3) 팀의 특성상 팀 구성원들은 개인적인 시각인 아닌 팀 전체의 시각에서 현상을 바라보게 된다. 따라서 팀의 다른 구성원들의 시각과 관점을 이해할 수 있게 되고, 넓은 시각에서 조직의 목표와 운영상황을 관찰할 수 있다.

(4) 개인이 아닌 팀 전체로 운영되고, 결과에 대한 보상을 받을 것이므로 팀웍과 상호협조에 대한 조직 내의 관심이 고조된다.

2) 수평적 조직의 단점

(1) 조직구조가 핵심과정 중심으로 형성되는데, 핵심과정의 결정이 매우 어렵고 많은 시간이 소요된다.

(2) 수평적 조직으로 변화하려면 조직문화 · 직무설계 · 경영철학 · 보상시스템 등 여러 부분에서 대폭적인 변화가 필요하다.

(3) 기존의 조직에서는 중하위 관리자들이 상당히 중요한 역할을 수행하지만, 팀을 활용하는 수평적 조직에서는 그들의 역할이 현저하게 줄어들게 된다. 따라서 조직 내 권력구조에 변화가 일어나서 중하위 관리자들의 저항을 야기할 수도 있다.

(4) 팀 중심으로 운영되는 조직의 특성상 조직구성원 모두가 상당한 수준의 교육과 훈련을 새롭게 받아야 하는데, 이럴 경우 상당한 비용이 발생할 수 있다.

(5) 팀의 특성상 구성원 모두는 여러 기능을 다 수행할 수 있어야 하는데, 이 경우 깊이 있는 기능의 습득과 개발이 어려울 수도 있다.

2. 네트웍 조직구조

네트웍 조직구조 또한 새로운 형태의 구조와 관련된 흐름이다. 네트웍 조직은 스스로 매우 정통하다고 생각하는 특정분야의 활동만 직접 관리하고 나머지 분야의 활동은 외부조직에 맡기는—아웃소싱(outsourcing)—형태의 조직이다. 네트웍 구조를 활용하는 조직은 대부분의 활동을 외부조직에 넘겨준 후 소규모의 조직본부만 남겨두고 이 본부에서 외부조직의 활동 및 조직 자체의 활동에 대한 상호조정 업무를 처리하게 된다. 조직의 본부가 소위 허브(hub)라고 부르는 '중심'이 되고, 대부분의 활동을 담당하는 외부조직들이 허브를 중심으로 가지처럼 형성되는 네트웍을 형성하게 되는 것이다. 이 조직구조는 앞에서 논의한 수평적 구조의 한 형태이기는 하지만 조직의 구조화에 대해서는 매우 다른 접근을 하고 있다. 네트웍 조직은 수평적 조직처럼 관련 팀들을 한 조직 내에 포함시켜 함께 운용하지 않고 많은 업무—예를 들면 재무·생산·마케팅·유통—를 외부에 발주하기 때문이다. 네트웍을 형성하는 이들 외부조직은 컴퓨터와 인트라넷 같은 최신 정보통신 기술을 통해서 본부인 허브와 긴밀하게 연결되어 있기 때문에 본부는 항시 네트웍 조직을 관리·통제할 수 있다.

비교적 최근부터 나타나기 시작한 네트웍 조직은 비용도 절감할 수 있고 소규모의 조직형태로 전세계로 나갈 수 있다는 장점도 있지만, 과도한 아웃소싱 때문에 조직의 통제력이 떨어진다는 단점이 있는 것도 사실이다.

1) 네트웍 조직의 장점

(1) 조직의 규모와 관계없이 전세계를 상대로 경쟁할 수 있다. 조직본부의 기획 및 조정 능력만 있다면 값싼 저개발국가에 생산을 아웃소싱함으로써 가격과 품질 면에서 경쟁력 있는 제품을 생산하고 판매할 수도 있다.

(2) 외부조직을 네트웍으로 활용하기 때문에 조직을 매우 다양한 사람으로 구성할 수 있고, 상황에 대한 대처능력이 매우 유연해질 수 있다.

(3) 많은 조직활동이 외부에 아웃소싱되기 때문에 일반관리비 같은 비용을 대폭 절감할 수 있다.

2) 네트웍 조직의 단점

(1) 대부분의 조직활동이 외부에서 일어나기 때문에 관리자—특히 중하위 관리자—는 실질적인 조직의 작업이나 활동에 대해서 권한이 별로 없다.

(2) 네트웍을 형성하고 있는 외부의 협력조직이 망하거나 퇴출되면, 조직의 잘못이 아닌데도 불구하고, 해당 조직은 중요한 부분을 잃게 된다.

(3) 네트웍이 올바르게 작동하려면 외부조직과 함께 효과적으로 움직여야 하기 때문에, 문제가 생겼을 때 네트웍 조직들을 상호조정하고 협상하는데 비용이 많이 든다.

11장 조직문화[18)]

조직문화는 가치·신념·규범을 포함한 조직구성원들이 공유하고 있는 것의 총체이다. 조직문화란 조직구성원 모두가 공유하고 공감하고 있는 것의 총체로서, 조직의 기존 구성원들이 신입 구성원들에게 전달해주고 싶어하고, 그들이 지속적으로 계승해 주었으면 좋겠다고 생각하는 어떤 것이라고 할 수 있다.

우리가 조직문화에 관심을 가지고 있는 궁극적인 이유는 그것이 조직 내 인간행동에 큰 영향을 미치기 때문이다. 조직 내 인간행동—특히 영리조직 내의 인간행동—은 성과라는 구체적인 변수로 나타나기 마련인데, 영리조직의 경우 조직문화에 관심을 갖는 이유는 그것이 행동의 결과로 나타나는 성과에 영향을 미치기 때문인 것이다. 역설적으로 말하자면 우리는 조직문화가 유형적인 '물질적'인 조직성과에 영향을 미친다고 생각하는 '비문화적'인 이유 때문에 조직문화에 관심을 가진다고 할 수 있을 것이다.

<그림 20> 조직문화와 성과

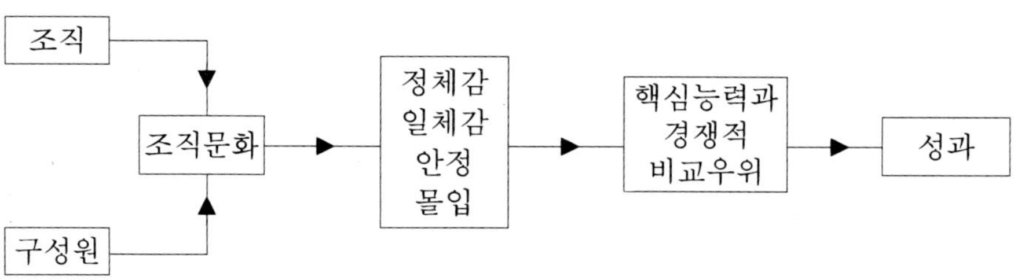

(출처 : 이학종, 1997: 411)

---

18) 글쓴이와 박노율이 공동 저술한 '조직과 인간행동' (2007년 4월 출간) 제14장 '조직문화'를 이 장에 그대로 전재하였다.

<그림 20>은 이학종(1997 : 411)의 것을 수정・보완한 것인데, 이 그림에서 볼 수 있듯이 조직문화는 행동–성과에 영향을 미칠 수 있다. 조직문화가 구성원들의 정체성과 일체감을 강화시키고 안정적으로 일에 몰입하게 하는 등의 순기능적 역할을 한다면 그것은 조직의 핵심능력을 향상시키고 경쟁적 비교우위를 강화시켜서 성과향상에 기여할 수 있을 것이다. 이 경우 조직문화와 성과 사이에는 긍정적 상관관계가 있을 것이다. 그러나 문화와 행동–성과 사이에 부정적 관계가 있을 가능성도 있다. 조직문화는 변화와 다양성을 저해하는 요인으로 작용하여 조직이 환경에 적응하지 못하게 만들 수 있기 때문이다. 이 경우 변화하는 환경에 적응하지 못한 조직은 핵심역량의 개발 또는 개선 작업을 등한시 하게 되고 따라서 다른 조직에 대한 경쟁적 우위를 상실하게 된다. 그래서 조직문화는 조직성과에 부정적인 영향을 미칠 수도 있다. 따라서 조직문화가 성과에 긍정적으로 작용하려면 조직문화는 성과지향적이 되어야 한다. 성과지향적 조직문화는 환경변화에 적응할 수 있도록 유연해야 할 것이고, 경쟁적 비교우위를 지속적으로 지킬 수 있는 핵심역량의 지속적 개발과 개선에도 기여해야 할 것이다.

I. 조직문화의 구성요소와 형성요인

1. 조직문화의 구성요소

조직문화가 무엇으로 구성되어 있는가에 대한 설명 가운데는 일본기업에 대한 연구와 미국의 우량기업에 관한 연구에서 도출된 7S 모형이 가장 많이 인용되고 있기 때문에 여기에서 인용해 보기로 한다. 7S 모델이란 이름은 다음에 나오는 7가지 용어의 첫 자가 S로 시작하기 때문에 붙여진 것이다 (Pascale & Athos, 1981:200-206; Peters & Waterman, 1982: 13-16).

아래의 일곱 요소는 서로 독립되어 있는 것이 아니고 상호영향을 주면서 조직문화를 형성해 나간다.

1) 공유가치 (shared value)

조직구성원 모두가 공유하고 있는 가치로서 조직문화의 다른 구성요소에 지대한 영향을 미치는 가장 중요한 핵심요소이다.

2) 전략 (strategy)

조직의 목표, 조직운영의 방향설정, 목표달성을 위한 자원배분 계획 등을 포함하고 있으며 조직의 기본성격과 장기적 방향을 결정하는 요소이다.

3) 구조 (structure)

조직의 전략수행을 위한 기본 틀로서 조직구조와 설계, 직무설계, 권한배분 등을 포함하며 조직구성원들의 역할과 상호관계에 영향을 미치는 요소이다.

4) 시스템 (systems)

조직의 의사결정과 일상운영에 필요한 각종 관리제도와 절차를 말하는데, 보상제도와 인센티브 개발, 관리정보와 의사결정시스템의 구축, 경영계획과 목표설정시스템, 결과측정과 조정, 통제메커니즘 등을 포함하는 요소이다.

5) 구성원 (staff)

이것은 조직구성원들의 선발 및 훈련, 능력, 전문성, 동기부여 향상, 욕구의 충족, 신념, 지각, 태도의 강화, 행동패턴 프로그램의 개발 등을 포함하며, 조직구성원의 개인적 특성과 관련된 이 변수들은 조직목표 달성에 기여하는 것이야 한다.

6) 기술 (skills)

조직의 물리적 하드웨어와 이를 뒷받침하는 소프트웨어를 포함하며, 조직

관리에 필요한 각종 경영기술과 기법 등도 포함하는 요소이다.

7) 스타일 (style)

이것은 리더의 스타일을 지칭하는 것으로서 리더는 조직구성원들의 태도·행동·상호관계·조직분위기 등에 상당한 영향을 미친다.

2. 조직문화의 형성요인

조직문화를 형성하는 요인에는 여러 가지가 있겠지만 크게 보면 조직 외부요인과 조직 내부요인으로 나눌 수 있다.

1) 외부요인

(1) 사회문화

조직문화는 사회문화의 입장에서 보면 하위문화이다. 하위문화는 상위문화의 영향을 받지 않을 수 없으므로, 조직문화는 조직이 속해 있는 사회를 지배하는 문화를 바탕으로 해서 형성된다.

(2) 사업의 성격

조직문화는 조직이 생산하는 제품과 서비스, 조직이 속해 있는 시장의 변화, 생산하고 있는 제품의 수명주기 등의 영향을 받는다. 사양산업인 석탄채굴을 주업종으로 하는 조직과 한참 인기 좋은 정보기술(IT) 산업에 속해 있는 조직을 비교해 보면 두 조직의 조직문화에는 엄청난 차이가 있을 것임을 짐작할 수 있다.

(3) 정부 규제

정부로 대표되는 정치경제적 요인도 조직문화 형성에 큰 영향을 미친다. 정부는 독과점·고용·성차별·장애인과 관련된 여러 가지 법령과 규제를 사용하여 관련 조직의 행동에 엄청난 영향을 미칠 수 있다. 성차별이나 고용관계 법령을 강력하게 집행하여 여성에 대한 암묵적인 차별을 법대로 처벌한다면 여성을 많이 고용하고 있는 통신회사나 백화점 등의 조직문화는 상당한 변화를 겪을 수밖에 없을 것이다.

(4) 경제적 요인

한국 경제가 IMF 체제를 거치면서 한국기업도 엄청난 변화를 겪고 있다. 가장 대표적인 변화는 '평생직장'이라는 개념이 폐기된 사실일 것이다. 대기업 위주의 강력한 기업문화와 한번 들어가면 인생을 걸고 일한다던 한국기업의 고유문화가 IMF와 구조조정 그리고 벤처기업의 등장이라는 경제적 변수에 의해서 심한 변화를 겪고 있는 것이다. 이러한 변화가 끝나고 나면 아마도 한국기업에는 새로운 조직문화가 형성될 것임이 틀림없다.

2) 내부요인

(1) 창설자와 최고관리자의 창설이념

이것은 조직 내부요인 가운데서도 가장 중요한 것이다. 조직을 창설한 사람은 강력한 카리스마와 자신이 선호하는 사람의 선발을 통해서 자신의 생각・이념・가치관을 조직에 고스란히 심어 놓을 수 있다.

(2) 전략과 관리체제

조직이 선택하는 전략과 관리체제도 조직문화 형성에 지대한 영향을 미친다. 예를 들어서 성장전략은 조직의 규모를 확대시키고, 규모 확대는 조직이 자율성과 분권화를 추구하게 만들 것이고, 결국에는 도전과 창의성을 중시하는 개발중심의 문화를 형성하게 할 것이다.

(3) 역사

역사가 오래 된 조직은 그렇지 않은 조직에 비해서 강하고 독특한 문화를 형성하기 쉽다. 특히 역사가 오래된 조직에서는 고용구조도 오랜 역사와 더불어 안정되어 있는 경우가 많기 때문에 강한 문화의 형성을 더욱 촉진하게 된다.

(4) 구성원의 특징

조직구성원의 교육과 기술의 정도·나이·성별분포 등의 변수도 조직문화 형성에 영향을 미친다. 대학원 이상 출신이 많이 모여 있는 연구중심의 조직과 고졸 이하 출신들이 많이 모여 있는 영업 또는 생산중심의 조직, 여성의 분포가 높은 조직과 남성위주의 조직, 젊은 사람이 많은 조직과 나이 든 사람이 많은 조직 사이에는 문화적으로 많은 차이가 있을 것이다.

(5) 기술과 수명주기

앞에서 외부요인 가운데 사업의 성격에 대해서 설명하면서 석탄산업과 정보·기술산업의 예를 들었지만, 업종 또는 사업은 조직 내부요인으로도 작용할 수 있다. 대기업들은 여러 종류의 제품을 생산하는 경우가 많은데 각 제품에 사용되는 기술과 제품의 수명주기에 따라 조직문화가 다를 수 있다. 삼성전자의 경우 가전제품 생산부서와 반도체 생산부서 그리고 컴퓨터 생산부서에는 사용하는 기술과 제품의 수명주기의 차이에 따라, 같은 조직 내에 있으면서도, 서로 다른 독특한 별개의 하위문화가 존재하고 있을 가능성이 높다.

II. 조직문화의 순기능과 역기능

조직문화는 조직내부 통합(internal integration)이나 외부환경 적응(external adaptation)과 같은 순기능적으로 작용할 수 있지만 강한 문화가 조직을 경직되게 만드는 등 역기능적으로 작용할 수도 있다.

1. 조직문화의 순기능

조직문화는 구성원 사이의 일체감 형성과 같은 내부통합과 격변하는 외부환경에 대해서 적절하게 대응하는 등의 다음과 같은 기능을 수행한다(Daft & Noe, 2001:589; Kreitner & Kinicki, 2001:72-75; Nelson & Quick, 2000:537-539; Schermerhorn, 2000: 264).

1) 정체성과 일체감 형성 (다른 조직과의 구분)

조직문화는 한 조직과 다른 조직의 구분을 가능하게 하는 경계확정(boundary defining)의 기능을 한다. 조직문화의 이런 기능을 통해서 조직구성원들은 자신이 속한 조직과 다른 조직을 구분할 수 있게 되고, 그 과정에서 조직에 대한 정체성을 확립함은 물론 조직구성원 사이의 동질성을 파악할 수 있으므로 일체감도 가질 수 있다.

2) 통제메커니즘 (행동의 인도와 형성)

조직문화는 공유가치와 규범을 통해서 조직행동의 기준을 제공해 준다. 그래서 조직문화는 일탈행동을 제지할 수 있고, 일탈자에 대한 제재를 통해서 조직이 원하는 행동을 인도하고 형성함은 물론 구성원 사이의 동질성을 강화할 수도 있다. 이와 같이 조직문화는 구성원의 태도와 행동을 인도하고 형성하는 통제의 메커니즘 역할은 물론 조직구성원들의 행동을 원하는 방향으로 인도하는 일종의 학습도구의 역할도 한다.

또한 조직 내에는 수많은 하위문화가 존재하는데 조직 전체의 상위문화는 하위문화를 인도·형성·발전시키는 통제메커니즘의 역할을 할 수도 있다.

3) 조직의 안정성

조직이 통제메커니즘을 활용하는 이유는 조직의 안정성을 확보하기 위해서이다. 위에서 설명한 바와 같이 조직문화는 묵시적인 통제메커니즘의 역할을 하기 때문에 조직구성원들을 끈끈하게 엮어 붙이는 접착제 같은 기능을 할 수 있고, 이를 통해서 구성원 사이의 동질성을 확보하고 조직의 안정에 기여하게 된다.

4) 집단적 몰입의 강화

조직문화는 개인적 이해관계를 뛰어넘는 어떤 거대한 것에 조직구성원들을 몰입시키는 역할을 할 수 있다. 조직문화는 기대행동 및 조직의 목표를 제시하여 조직구성원의 목표지향적 행동을 정당화할 수 있기 때문에 조직문화, 특히 강한 조직문화는 조직구성원의 집단적 몰입(collective commitment)을 이끌어 낼 수 있다.

5) 조직에 대한 이해 (sense-making)

조직문화가 구성원의 가치체계 속에 내면화되면, 조직문화는 의사결정·커뮤니케이션·갈등·권력 등의 변수에 대한 토론·처리·실행 과정에서 전제조건으로 작용하며, 이것은 현재 조직이 수행중인 일과 조직에서 일어나는 일에 대한 이해심을 향상시킬 수 있다.

2. 조직문화의 역기능 : 강한 문화

조직문화는 순기능적으로 작용할 수도 있지만 역기능적으로도 작용할 수 있다. 조직문화가 역기능적으로 작용할 때는 주로 강한 조직문화가 조직을 지배하고 있어서 조직을 경직되게 만들기 때문이다. 조직문화의 역기능을 구체적으로 살펴보면 다음과 같다.

1) 변화에 대한 부적응

앞에서 논의한 대로 조직문화의 순기능 가운데 중요한 것은 조직문화가 조직의 안정성에 기여한다는 것이다. 그런데 안정과 변화는 양립할 수 없는 명제이다. 특히 문제가 되는 것은 강한 조직문화의 경우이다. 강한 조직문화는 안정성과 통제를 너무 강조하기 때문에 조직이 변해야 할 필요가 있을 때도 변화를 방해하거나, 변화에 대한 저항요소로 작용할 수 있기 때문이다.

2) 다양성에 대한 장애물

조직문화는 경계확정과 통제메커니즘을 통해서 조직구성원 사이의 동질성을 확보하는 역할을 하게 된다. 동질성과 다양성도 양립할 수 없는 개념인데, 이 동질성은 강한 문화 속에서는 극단적으로 발전하여 전 조직구성원 사이의 다양성을 인정하지 않는 상황까지도 만들 수 있다. 다양성이 확보되지 않으면 조직 내에는 집단과정에서 발생할 수 있는 수많은 폐해와 부작용이 드러나서 조직의 유효성을 심각하게 위협할 수 있다. 다양성의 결여는 특히 정책 및 전략 수립과정에서 제한된 관점에서만 환경을 분석하게 만드는 등의 문제를 만들 수 있다.

3) 조정 및 통합의 어려움

관료적인 조직문화가 지배적인 조직과 기업가정신과 자율성 강조하는 조직이 통합을 시도할 경우 양립하기 힘든 두 강한 문화를 조정하고 통합하는데 상당한 어려움을 겪을 수 있다. 또 조직 내의 많은 하위문화 조정에도 문제가 있을 수 있다. 조직 내의 하위 부서 가운데 유독 강한 문화를 가지고 있는 곳에서는 상위문화의 통합메커니즘이 강력하게 작동하지 않는 한 하위문화들을 조정하고 통합하는데 상당한 문제에 봉착할 수 있다.

3. 조직의 성장과 조직문화 기능의 변화

조직문화는 변하지 않고 가만히 있는 것이 아니다. 조직문화는 조직이 성장함에 따라 기능도 변하고 그 성격도 달라질 수 있다. 조직의 성장은 규모의 증가와 구조적 복잡함을 심화시키기 때문에 조직문화 메커니즘도 변한다는 것이다.

조직문화는 조직의 성장 초기에는 일체감과 정체성의 동력이 되면서 조직구성원들을 효율적으로 통제하고 끈끈하게 엮어주는 접착제의 역할을 하는 것이 보통이다.

조직 성장의 중간 단계에서 문화의 제반 구성요소들은 제도화되거나 조직구조와 과정 속에 정착되면서, 조직문화는 앞에서 논의한 많은 순기능적 역할을 수행하게 된다.

그러나 조직이 성숙기를 거쳐서 쇠퇴기로 넘어가게 되면 조직문화는 순기능보다는 역기능이 더 현저해지면서 새로운 변화와 혁신의 제약요인, 창조적인 다양성을 저해하는 요인, 그리고 조정과 통합에 방해가 되는 요인으로 변질될 수 있다.

III. 조직문화의 유지와 변화

1. 조직문화의 유지

최초의 조직문화는 창업자의 철학에 따라 생겨난다. 예를 들어서 창업자가 외형적인 성장을 통한 기업의 성공을 원하는 사람이라면 그 사람의 생각은 바로 조직의 문화에 투영되게 마련이다. 시간이 지나면서 이런 생각과 철학은 구성원 모두가 공유하는 문화가 되어 조직의 저변에 깔리게 되거나 환경의 변화에 따라 변화하게 된다. 문화가 조직저변에 깔린다는 것은 일종의 교육과정과 같은 것이라고 할 수 있는데, 조직구성원들은 조직이 선호하는 가치, 믿음, 기대 등을 서로 가르치게 된다는 것이다. 이러한 과정을 다음과 같은 것들을 효과적으로 활용하는 메커니즘을 통해서 가능해진다 (Kreitner & Kinicki, 2001:82-83).

1) 명시된 조직의 목표와 리더가 관심을 가지고 있는 행동이나 과정 또는 결과
2) 조직이 위기상황에 처했을 때 리더의 대응
3) 조직의 철학·사명·비전· 가치 등을 담고 있는 조직의 공식적인 문건
4) 바람직한 역할모델의 제시와 훈련 또는 프로그램의 제공
5) 리더의 하급자에 대한 개인적 조언
6) 명시적인 보상체계와 신분의 상징(직급표시)
7) 조직 내 작업의 흐름 및 조직구조 그리고 조직의 시스템 및 절차
8) 조직구성원의 선발·발전·승진·해고·퇴직 시 사용되는 기준
9) 조직 내의 의식과 예식
10) 조직 내외에서 사용되는 슬로건이나 조직원 사이의 언어와 말투
11) 조직의 핵심인물이나 사건에 대해서 회자되는 전설적 이야기
12) 조직의 물리적 공간·작업환경 건물의 디자인과 배치

2. 조직문화의 변화

조직문화의 유지에 필요한 요소들이 조직문화의 변화에도 동일하게 필요할 수 있다. 즉 조직문화는 관리자가 관심을 가지고 있는 것, 조직의 위기관리방법, 구성원 채용 시 사용되는 기준, 승진 시 사용되는 기준, 보상기준, 조직 내 의식과 예식의 활용방법 등이 조정됨으로써 바뀔 수 있다. 그러나 조직문화가 변화될 수 있다는 이러한 시각에 대한 반대의견도 만만치 않다. 조직문화를 변화시키는 것보다 비효율적인 조직 내 행동과 절차의 변화에 초점을 맞추는 것이 더 의미 있으며, 이러한 행동의 변화는 기존 조직문화의 토대 위에서만 가능하다는 주장도 있기 때문이다. 또한 조직 내에는 한 가지 유형의 문화 외에도 하위문화라고 하는 여러 유형의 문화가 존재하기 때문에 조직문화를 정확히 파악한다는 자체가 매우 힘들고 따라서 변화를 효과적으로 시행하기 어렵다는 주장이 있다.

그러나 다음과 같은 증상은 조직문화에 심각한 문제가 있으므로 변화를

시도해야 한다는 사실을 시사해주는 것이다 (Sweeney, 2002:357).

1) 너무 내부적인 것에만 관심이 많지 않은가?

2) 관심이 항상 단기적인 것에만 머물러 있지 않은가?

3) 구성원들의 사기가 낮은가?

4) 구성원들이 문화를 잊고 있지나 않은가?

5) 집단끼리의 관계가 나쁘지 않은가?

6) 리더가 소외되어 있지 않은가?

조직이 단기적인 내부문제에만 관심을 가지고 있거나, 구성원들 사이의 분위기가 좋지 않고, 리더와 부하 사이의 관계도 원만하지 못할 때 조직문화를 변화시킬 필요성이 대두된다는 것이다. 이럴 경우 다음과 같은 방법을 쓰면 조직문화는 효과적으로 변화시킬 수도 있다(Hellriegel, 2001:521)

1) 먼저 기존의 조직문화를 먼저 이해해야 한다. 관리자와 구성원들 자신부터 조직문화의 현재 상태가 어떤지 이해하지 못한다면 새 조직문화가 발전할 수는 없기 때문이다.

2) 더 나은 조직문화 발전에 대한 아이디어가 있거나 그 아이디어를 실질적으로 추진하고자 하는 구성원이나 팀을 후원한다.

3) 조직 내에서 가장 효과적인 하위문화를 찾아내서 해당 하위문화의 좋은 점을 구성원들이 스스로 느끼고 체득할 수 있는 기회를 마련한다.

4) 문화를 바꾸려고 직접적으로 접근할 것이 아니라 구성원이나 팀들이 자신의 직무를 보다 효과적으로 수행할 수 있는 방법을 모색한다.

5) 새로운 조직문화가 지향하는 비젼을 기적의 치료법으로 강조할 것이 아니라 변화의 원칙으로 삼아야 한다.

6) 조직 전반에서 문화의 변화가 일어나려면 5년에서 10년 정도의 장기간이 걸린다는 사실을 명심해야 한다.

7) 말보다는 행동이 중요하기 때문에 새로운 문화를 내부화시켜 조직구성원들이 문화와 같이 살도록 한다.

12장 조직변화[19)]

이 장에서 다루는 조직변화는 기업의 구조조정과 같이 조직 스스로 또는 외부 상황의 변화 때문에 어쩔 수 없이 조직구조나 전략 또는 목표를 바꾸는 상황과 관련이 있다. 조직변화에는 계획한 조직변화와 그렇지 않은 조직변화가 있는데, 이 장에서 다루고자 하는 것은 계획한 조직변화이다.

I. 조직변화

1. 조직변화의 원인

조직이 변화를 추구해야 하는 원인에는 다음과 같은 조직 외적, 내적 원인이 있다.

1) 조직 외적 원인

(1) 경제여건과 시장의 변화

미국발 금융위기에 따른 환율 폭락과 이에 따른 유동성 위기 같은 경제여건과 시장의 변화는 많은 조직이 변해야 하는 중요한 원인이 된다.

---

19) 이 장은 글쓴이의 '새조직이론' (2001년 2월 출간) 제15장, '현대조직론' (2003년 4월 출간) 제16장, '조직행동론' (2005년 4월 출간) 제 16장에 있는 '조직변화'에 관한 내용을 종합하여, 글쓴이가 새롭게 편집하였다.

(2) 기술의 변화

컴퓨터, IT, 인공지능 같은 새로운 기술이 등장하면 이러한 새 기술과 직접적으로 연결되어 있는 조직은 신속하게 변화하고, 간접적으로 연결되어 있는 조직은 덜 신속하게 변화한다는 차이가 있기는 하지만, 기술은 조직변화의 또 다른 중요한 이유가 될 수 있다.

(3) 경쟁

한국-미국, 한국-칠레 사이의 FTA와 같이 세계 경제가 글로벌화하고 중국과 아시아 각국이 산업화함에 따라 나라는 물론 기업 사이의 경쟁도 날로 심해지면서, 경쟁의 국제화에 따른 조직 사이의 흡수와 합병(merger and acquisition; M & A) 같은 조직변화도 흔히 나타나고 있다.

(4) 정보처리 및 커뮤니케이션

이메일·휴대전화·화상회의 같은 IT 및 커뮤니케이션 기술의 변화는 조직 관리·통제 시스템과 근무여건에 엄청난 변화를 일으킬 것이고, 이것은 조직 통제구조의 개편같은 조직변화로 연결될 수밖에 없다.

(5) 노동력(labor force)의 변화

여성 인력과 전문직 종사자의 증가와 구세대와는 전혀 다른 직업윤리를 가지고 있는 신세대의 등장은 전체 노동력의 양과 질에 큰 변화를 가져 올 수 있고, 이것 또한 조직변화의 원인이 될 수 있다.

(6) 정치적, 법적 변화

정치체제가 상대적으로 불안정한 개발도상국이나 후진국에서는 집권 세력의 변할 때마다 조직변화의 가능성도 커진다. 이명박 정권이 집권한 이후 예술계와 재계의 리더들이 거의 다 교체된 사례에서 볼 수 있듯이, 정치적 변화가 인적 구조의 변화를 몰고오고 그것은 조직변화와 직접적으로 연결

된다.

방송통신법, 사립학교법, 여성보호 관련법, 장애인고용촉진법 같은 법들이 제정·개정되면 법과 관련된 조직의 많은 규정도 바뀌기 때문에 그에 상응하는 조직변화도 있어야 한다.

(7) 사회적 추세

인구 증가, 고교 졸업생 수의 변화, 결혼연령의 고령화, 이혼률 증가와 같은 사회적 추세가 바뀌면 대학과 같이 이런 추세의 영향을 직접적으로 받는 조직에서는 변화의 바람이 일어날 수밖에 없다.

2) 조직 내적 원인

(1) 조직목표의 변화

KT 같은 국영기업이 민영화되면 조직의 목표도 근본적으로 바뀔 수밖에 없다. 조직의 목표가 바뀌면 조직의 전반적인 변화는 피할 수가 없다.

(2) 조직구조의 변화

제10장에서 설명한 바와 같이 조직의 규모가 커지면, 조직은 구조적인 변화를 시도하게 되는데, 이것은 조직변화의 좋은 예가 된다.

(3) 조직분위기의 변화

GM, 포드, 크라이슬러 같은 미국 내 '빅3' 자동차 회사의 파산위기는 국내 자동차 관련 업계에 큰 영향을 미쳐 직무전환, 감원, 대량해고 가능성을 높이고, 노사 불신과 적대감 팽배 등의 부정적 분위기가 확산시킬 수 있고, 이러한 부정적인 분위기는 대대적인 조직개편이나 구조변화 등의 조직변화와 직접적으로 연결될 수 있다.

(4) 조직내부 직무기술의 변화

새로운 기술이 개발되면 각 조직도 그 기술을 새롭게 도입해야 하는데, 이 도입과정에서 조직에 변화가 발생한다.

2. 조직변화에 대한 저항

조직은 서로 다른 이해관계를 지닌 사람들이 공동목표를 추구하기 위해서 모인 집합체이다. 각 구성원은 공동의 목표를 추구하기는 하지만, 서로 다른 이해관계를 지니고 있기 때문에 조직변화의 필요성에 대한 생각이 다를 수 있다. 많은 사람이 조직이 변해야 한다는 것을 인정하더라도 상충하는 이해관계 때문에 조직변화에 개인적으로 또는 집단적으로 저항하기도 한다.

1) 개인차원 이유

(1) 습관

사람은 자신이 이용하던 습관을 버리거나 관행에서 벗어나는 것을 본능적으로 싫어한다. 새로운 것을 배우는 과정이 어렵고 힘들기 때문이다.

(2) 불안정

조직이 받아들이려는 변화가 신분이동이나 권력상실과 관련되어 있다면 많은 사람은 변화를 싫어하고 저항하게 될 것이다.

(3) 경제적 요인

조직이 꾀하는 변화가 대량해고로 연결될 수 있다면 조직변화는 경제적 위협과 직접적으로 연결되기 때문에 많은 사람은 조직변화에 저항하게 된다.

(4) 잘 모르는 것에 대한 공포

사람은 본능적으로 모호하고 불확실한 것보다는 분명하고 확실한 것을 좋아한다. 모호하고 불확실한 것에 공포심이 있기 때문이다. 조직변화가 잘 모르는 불확실한 것과 관련되어 있다면 사람은 그것에 저항하기 쉽다.

(5) 조직변화에 대한 구성원의 지각

조직변화에 대한 교육이나 홍보를 잘못해서 구성원들이 변화의 의미를 올바르게 지각하지 못하게 되면, 변화의 목적 · 과정 · 결과에 대한 오해가 생기고, 결과적으로는 조직이 꽤하는 변화에 저항할 수도 있다.

(6) 조직내부의 사회적 요인

어떤 구성원이 조직변화의 필요성을 올바르게 지각하고, 협조하려는 태도를 가지고 있더라도 자신의 동료들이 변화를 싫어한다면 조직변화에 쉽게 협조하기는 힘들 것이다.

(7) 현재 신분 획득을 위해서 기울여 온 노력과 관심

조직변화는 신분, 권력, 사회적 관계에 영향을 미치게 되는데, 현재의 신분이나 권력을 얻기 위해서 상당한 노력을 기울여 온 사람이 조직변화가 자신의 신분이나 변화에 부정적으로 작용한다고 판단하게 되면 변화를 싫어하고 저항하게 될 것이다.

2) 조직차원의 이유

(1) 상호의존성을 고려하지 않은 제한된 변화

조직의 직무는 독립적이지 않고 상호의존적으로 수행되는 것이 보통인데 조직 내부 부서 (예 : 영업부와 생산부) 사이의 상호의존도를 고려하지 않고 한 부서에서만 조직변화를 시도하면 그 부서는 물론 변화의 간접적인 영향을 받는 다른 부서에서도 상호의존성 때문에 변화에 대한 저항을 할 수 있다.

(2) 집단의 타성

개인의 습관처럼 집단의 타성이라는 관행적 요인도 조직변화를 방해할 수 있다. 특히 작업집단에 변화를 싫어하는 집단규범이 타성으로 작용한다면 그것은 조직변화에 대한 강력한 저해요인이 될 수 있다.

(3) 기술과 전문성

특정 자동차 회사나 컴퓨터 회사에서만 쓸 수 있는 기술이나 전문성은 해당 조직을 떠나면 별로 쓸모가 없는 기술이라고 할 수 있는데, 이 회사가 도입하려는 조직변화가 기존의 기술이나 전문성을 쓸모없게 만드는 것이라면 조직구성원은 새로운 변화에 매우 심하게 저항할 가능성이 크다.

(4) 권력관계와 자원배분

조직이 추구하는 새로운 변화가 기존의 권력관계와 자원배분 방식을 크게 바꾸는 것이라면 많은 구성원들이 집단적으로 변화에 반발하고 저항할 수 있다.

(5) 경직된 조직구조

조직구조와 조직변화는 개념적으로 정반대는 아니지만 잘 어울릴 수는 없는 말이다. 조직구조는 조직 내의 안정을 유지하려고 설계되었기 때문에 조직구조는 변화에 도전적이고 배타적일 수밖에 없다. 이러한 조직구조의 변화에 대한 배타성과 경직성은 조직변화에 대한 주된 방해요인이라고 할 수 있다.

(6) 조직의 지배적인 분위기

조직의 지배적인 분위기 또는 조직문화도 조직변화를 방해하는 요인 가운데 하나이다. 조직문화는 조직구성원 모두가 공유하고 있는 가치나 태도 같은 것과 깊이 연결되어 있는데, 어떤 조직문화는 조직변화에 방해요인이 되기도 한다.

(7) 보상시스템

대부분의 조직이 시행하는 보상시스템은 과정이 아니라 결과에 대해서 보상을 하고 있다. 과정이 아무리 좋더라도 결과가 나쁘면 보상을 받지 못하는 것이다. 변화는 대체로 모호하고 불확실한 결과와 관련되어 있기 때문에, 사람은 확실한 결과가 보장되지 않는 새로운 것보다는 기존의 것을 더 좋아하기가 쉽다. 따라서 과정보다 (현상유지를 강조하는) 결과를 중시하는 보상시스템은 조직변화에 걸림돌이 될 수 있다.

3) 조직변화에 대한 저항을 극복하는 방안

조직을 성공적으로 바꾸고자 할 때 조직의 변화담당자가 가장 신경을 많이 써야 할 분야는 조직변화에 대한 저항이라고 할 수 있는데, 조직변화에 대한 저항을 줄이는 방법을 모색할 때는 다음과 같은 것을 감안해야 한다(Kotter & Schlesinger, 1979).

(1) 교육과 홍보

조직변화에 대한 저항은 교육과 홍보 부족 때문에 생기는 경우가 많기 때문에 개방적인 커뮤니케이션을 활용하여 변화에 대한 논리를 홍보하고 교육한다.

(2) 참여

조직변화에 반대하는 사람들을 결정과정에 참여시키면 변화에 대한 그들의 저항을 줄일 수 있고, 나중에 변화에 쉽게 몰입할 수 있게도 해준다.

(3) 후원

상담, (신기술) 연수, 휴가보내기 등의 후원 방법을 써서 사람들에게 변화에 적응할 시간을 주면, 시간이 지나면서 변화에 대한 저항이 점차적으로 줄어든다.

(4) 협상

저항을 심하게 하는 사람에게 변화에 협조해주는 대가로 다른 방법으로 보상해주는 방법으로 협상하는 것이다.

(5) 조작 (manipulation)과 조작적 참여(cooptation)

조작은 사실을 왜곡하거나 숨기는 등의 방법으로 조직변화의 내용을 긍정적으로 보이도록 만들어서 사람들의 협조를 이끌어 내는 방법이다.

조작적 참여는 조작과 참여를 같이 시도하는 것인데, 저항하는 사람을 매수하여 일단 참여하게 한 다음에 그 사람을 조직변화 추진과정에 참여시키는 것이다.

(6) 강제

처벌이나 제재 등의 강제적인 수단을 동원하여 변화에 저항하는 사람을 처리하는 방법이다.

3. 조직변화의 메커니즘 : Lewin의 3단계 모델

조직에는 변화요인과 저항요인이 공존하고 있는데, 조직변화는 어떻게 진행되는 것일까? Lewin의 모델이 이 질문에 대한 답을 할 수 있는데, 이 모델은 <그림 21>에서 보는 것처럼 3단계로 구성되어 있다 (Lewin, 1951; Schein, 1968).

이 모델은 조직변화가 세 가지 단계를 밟으면서 진행된다고 보고 있다. 먼저 조직이 변화할 필요가 생길 때 구성원들에게 변화의 필요성을 알게 하여 변화의 밑바탕을 마련하는 것이 첫 번째 단계이고 (해빙), 구성원들이 새 행동으로 실제로 바꾸게 되는 것이 두 번째 단계이며 (변화), 구성원들이 새롭게 형성한 행동이 항구적인 것이 되도록 하는 것이 마지막 3 단계이다.

<그림 21> Lewin의 3단계 모델

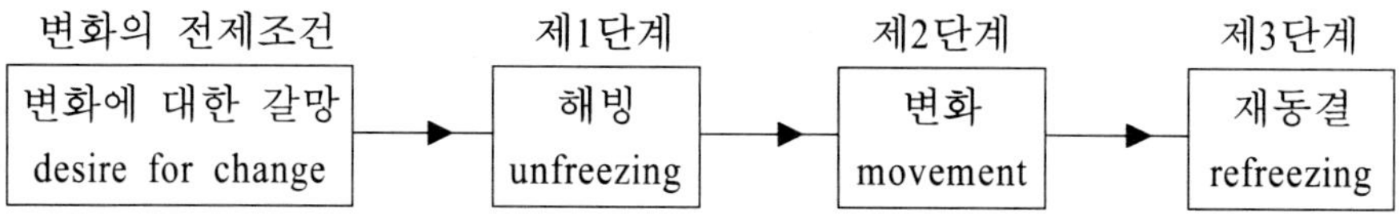

두 번째 단계에서 실제적인 변화가 일어나기 위해서는 앞의 해빙 단계에서 필요한 절차를 다 밟아야 하는데, 변화를 도입하고 추진하려는 추진력(driving force)과 변화의 힘을 억제하고 현상을 그대로 유지하려는 억제력(retaining force)이 상호작용하게 된다. 조직변화라는 현상은 변화를 요구하는 힘(추진력)과 변화에 저항하는 힘(억제력) 사이의 균형으로 설명할 수 있는데, 추진력과 억제력 사이의 균형이 깨지면, 전자가 후자보다 더 강해지면 조직변화가 일어날 것이다. 균형이 깨져서 현상유지 세력이 급격히 와해되면 모든 것이 녹아내리는 해빙이라는 현상이 생기는데, 이것이 바로 조직변화의 동력이 되는 것이다.

4. 조직변화에 대한 접근법[20)]

1) 행동연구(action research) 기법

이 기법은 "문제진단→ 데이터 분석→ 피드백→ 행동→ 평가"의 다섯 단계를 거치면서, 문제를 진단하고, 데이터를 체계적으로 수집 · 분석하며, 그 결과를 바탕으로 변화될 행동을 선택하고, 실제 변화를 추진하며, 나중

20) '조직변화에 대한 접근법'은 글쓴이가 2005년 4월에 출간한 '조직행동론' 제16장 I절에 있는 '조직변화에 대한 접근법'을 그대로 전재한 내용을 담고 있다.

에 결과를 바탕으로 변화내용을 평가하는 기법이다. 이 방법의 중요성은 조직변화를 도입함에 있어 과학적 방법론을 사용한다는 점이다. 흔히 과학적 방법이라고 불리는 연구방법은 문제의 파악, 대안의 설정, 데이터 수집과 분석, 대안의 평가, 대안의 선택과 집행, 평가의 단계로 구성되어 있는데, 용어 등에서 약간의 차이가 있기는 하지만 행동연구 기법도 기본적으로는 과학적 방법론과 전개과정이 매우 유사하다고 할 수 있다.

2) 변화에 대한 구조적 접근법

조직변화에 대한 구조적 접근법에 따르면 조직은 구성원들이 주어진 목적의 추구에 보다 많은 노력을 기울이고, 그 노력에 대해서 광범위하게 보상받을 수 있는 여건을 조성해야 한다고 보고 있다. 조직변화를 원활하게 도입하기 위하여 이 접근법이 공통적으로 사용하는 기법은 다음과 같다(Steers & Black, 1994:673).

(1) 직무분업과 직무충실화를 보다 원활하게 하기 위하여 직무설계를 바꾼다.

(2) 직무에 설명을 확실하게 하고 역할에 대한 기대도 명백하게 한다.

(3) 지역 중심에서 상품 중심으로의 전환하는 것과 조직구조 설계 시 부문화에 대한 근거도 같이 바꾼다.

(4) 통제의 폭을 늘리거나 줄임으로써 조직의 수직적 깊이에 변화를 준다.

(5) 조직의 지침서 내용을 바꾸거나 조직의 정책이나 절차에 대한 설명과 기술을 수정, 보완한다.

(6) 조직이 추구하는 정책이나 집행 절차 같은 것이 조정과 통제의 메커니즘으로 활용될 수 있다면 내용을 보다 명백하게 한다.

(7) 권력구조를 변화시킬 수 있다. 예를 들면 조직 하부에 대한 권한이양의 정도를 바꾸어서 분권화와 집권화의 형태에 변화를 줄 수 있다.

3) 변화에 대한 기술적 접근법

기술집약적 업종에 종사하는 조직은 조직구조나 인적구성을 바꾸는 것보다는 사용하는 기술, 장비, 생산방법 등에 변화를 줌으로써 효과적으로 조직변화를 도모할 수 있다. 다음은 조직변화를 기술적으로 접근할 때 쓸 수 있는 방법이다 (Steers & Black, 1994: 674).

(1) 작업자와 기계 사이의 관계를 변화시킬 수 있는 새로운 작업수행 기술을 도입하여 조직변화를 꾀할 수 있는데, 이때 제 6장 직무설계 편에서 설명한 에르고노믹스 같은 방법을 사용하여 사람과 기계 그리고 기술 사이의 조화를 이룰 수 있도록 한다.

(2) 로보트 같은 새로운 장비를 도입하여 변화를 꾀할 수 있다.

(3) 조립공정에서 소규모 자율생산 집단으로의 변화 같은 생산방법의 변화를 도입할 수 도 있다.

(4) 엔지니어링 과정을 변화시켜 조직변화를 도모할 수 있다. 기계적 장비를 사용한 생산에서 전자기술이나 컴퓨터를 장착한 장비를 이용한 생산으로의 전환 같은 것은 엔지니어링 과정 변화의 좋은 예가 된다.

4) 변화에 대한 사람 중심의 접근법 : Lewin의 모델

이것은 앞에서 설명한 바 있는 Lewin의 3단계 모델을 근거로 하여 Schein이 보다 발전 시킨 조직변화에 대한 접근법이다 (Lewin, 1951; Schein, 1968). 이 방법은 조직행동과 조직유효성이 개인의 특성에 달려있다고 보기 때문에 조직구성원의 개인적 특성인 기능, 태도, 동기부여를 향상시키면 조직도 보다 효과적이 된다고 보고 있다. 이 방법을 보다 구체적으로 설명하면 다음과 같다.

(1) 변화에 대한 요구

조직을 변화시키려는 노력을 하기 전에 사람들이 변화에 대한 필요성을 인식하고 있어야 한다. 변화에 대한 필요성은 부족하고, 불만스러운 어떤 일이나 상황 때문에 생길 수도 있고 상황을 개선하려는 욕구 때문에 생길 수도 있다.

(2) 해빙

앞에서 조직변화의 메커니즘에 대해서 설명하면서 언급하였지만 해빙단계는 변화추진력과 현상유지력의 균형에 심각한 문제가 생겨서 새로운 태도나 행동패턴을 모색해야 하는 단계라고 할 수 있다. 새로운 태도나 행동패턴의 모색은 변화추진력을 대폭 증가시키거나, 현상유지력 또는 저항세력을 감소시킴으로서 가능하게 된다.

(3) 변화

새로운 태도와 행동패턴이 생기면서 이전의 것은 폐기되고 실제 변화가 일어나는 단계이다. 이러한 변화는 주로 동일화(identification)나 내면화(internalization)라는 메커니즘을 통해서 가능하게 된다. 동일화는 어떤 사람이 만족스런 관계를 맺고 있어서 자신의 일부 같이 되어버린 다른 사람이나 집단의 태도 또는 행동패턴을 받아들일 때 발생한다. 예를 들어서 가족이나 가까운 친구는 동일화의 대상이 쉽게 되기 때문에 특별한 영향력을 행사할 수 있다. 내면화는 어떤 태도나 행동패턴이 우리가 당면해 있는 어떤 문제의 해결방법으로 받아들여지고 자신의 가치체계와 맞을 때 발생한다. 자식이 부모의 사랑에 넘친 훈계에 승복하여 자신의 태도를 바꾸는 경우가 내면화의 좋은 예가 된다. 동일화에 비해서 내면화는 어려운 방법이기는 하지만 일단 일어나기만 하면 가장 효과적인 방법이 될 수도 있다. 또 내면화와 동일화는 상호배타적인 것이 아니므로, 효과적인 태도나 행동의 변화는 두 가지 메커니즘을 하나의 변화전략으로 통합시킬 때 가능해진다.

(4) 재동결

변화된 태도나 행동패턴이 개인이 퍼스낼리티나 태도 또는 행동으로까지 통합되어 그 사람의 사고방식의 일부가 되어 버리는 것이 재동결이다. 새롭게 변화된 태도나 행동이 영구적인 것이 되는 단계이다.

5) 조직개발

앞에서 논의한 것들이 구조, 기술, 인적 자원 등의 문제만 다루는 조직변화에 대한 부분적 접근법이라면 조직개발 기법은 보다 통합적인 관점에서 조직 전체의 변화를 목적으로 하는 종합적 접근법이라고 할 수 있다.

5. 조직변화를 성공적으로 관리하는데 필요한 것

조직변화는 조직 내부 또는 외부에 문제가 발생했을 때 그 문제를 효율적으로 해결하기 위해서 시도하는 조직적인 노력이라고 할 수 있는데, 조직은 직면한 문제를 해결하고자 할 때 다음과 같은 것들을 충분히 고려하여 조직변화를 시도해야 할 것이다 (Moorhead & Griffin, 1995:487).

1) 개인적이 아닌 전체적(holistic) 시야를 가질 것.

앞에서도 언급된 바 있지만 조직 내의 하부시스템들은 상호연결되어 있다. 이러한 상호의존적 관계를 고려하지 않은 좁은 범위의 조직변화는 관련 당사자의 저항요인이 될 수 있다. 따라서 사람 · 과업 · 문화 · 구조 · 정보 등을 전체적인 시야에서 고려한 접근법이 필요하다.

2) 최고관리자의 후원

조직변화는 권력구조나 통제구조의 변화를 수반하게 되는데, 이 과정에서 부정적인 영향을 받을 수 있다고 생각하는 집단 또는 연대는 집단적으로 변화를 방해할 수 있다. 이때 최고관리자의 전폭적인 지지와 후원을 받는 것은 권력과 통제의 문제에서 벗어날 수 있을 뿐만 아니라, 변화담당자 개인에게는 앞으로 있을지도 모르는 위협 등의 문제를 예방할 수 있는 안전

판의 역할을 할 수 있다.

3) 참여와 개방적 커뮤니케이션

조직변화에 대한 저항이나 권력 또는 통제구조의 변화에 대한 공포감을 줄일 수 있는 좋은 방법은 조직변화의 영향을 받는 당사자들을 의사결정 과정에 참여시키는 것이다. 참여시킨 후 개방적인 커뮤니케이션으로 그들에게 변화의 의미와 목적을 전달하면 그들은 변화에 대한 올바른 인식을 가지게 된다.

4) 변화에 기여한 사람에 대한 보상

이것은 대단히 간단한 방법이지만 흔히 무시되기 쉽다. 동기부여의 강화이론에 의하면 보상되지 않은 행동을 강화되지 않으며, 기대이론에 의하면 올바른 행동을 한 사람이 자신이 기대하는 보상을 받지 못하면 다음에 올바른 행동을 할 가능성은 줄어들 수밖에 없다. 따라서 조직변화에 기여한 사람은 기여한 정도에 따라 적절하고도 정당한 보상을 해주어야 한다.

II. 학습조직과 조직변화[21)]

학습조직이란 조직학습을 강조하는 조직이다. 즉 학습조직이란 조직 내의 집단과 개인이 지속적으로 지식을 획득하고 공유하는 평생학습의 문화가 지배하는 조직이라고 할 수 있다. 보다 구체적으로 말하자면 학습조직은 상품・시장・경쟁・고객의 변화와 같은 환경적 도전에 대응하기 위하여 학습・적응・변화 능력을 향상시킨 조직으로서, 조직구성원들은 문제해결 과정에 직접 참여하고 과거경험에서 배운 교훈에 입각하여 지속적인 개선과 변

21) '학습조직과 조직변화'는 글쓴이가 2005년 4월에 출간한 '조직행동론' 제16장 III절에 있는 '학습조직과 조직변화'를 그대로 전재한 내용을 담고 있다.

화 방안을 모색한다. 따라서 지속적인 조직학습을 강조하는 학습조직은 그 자체가 지속적인 조직변화의 축소판이라고 할 수 있을 것이다. 따라서 학습조직의 구성원들은 제품과 서비스의 개발과 개선을 위해서 지속적으로 학습하고, 학습한 내용을 실제적으로 적용하려고 노력한다. 불안정한 환경 속에서 경쟁력을 가지고 살아남기 위해서는 끊임없이 학습하고 노력하는 학습조직이 되는 것은 필수적이다 (Daft and Noe, 2001:27, 641).

1. 조직학습 조장요인과 저해요인

현대 조직이 조직 내의 지속적 학습을 강조하는 학습조직으로 변해야 할 필요성이 점증하고 있는 것도 사실이지만, 조직학습을 저해하는 요인도 공존하고 있는 것도 사실이다. 이곳에서는 조직학습 조장요인과 저해요인을 구체적으로 살펴보기로 한다 (Kreitner & Kinicki, 2001:677).

1) 조직학습 조장요인

(1) 외부환경에 대한 관심

외부환경에 대한 지속적인 호기심과 관심은 조직학습에 서 필수적인 요인이다. 조직 내부에만 관심을 기울일 것이 아니라 밖에서는 어떤 일이 일어나고 있는지 항상 관심을 가지고 있어야만 조직 내에서 학습분위기가 형성된다.

(2) 실제성과와 기대성과 사이의 차이

조직에서 기대하는 성과와 실제성과 사이에 차이가 있다는 것은 그 차이를 메워줄 새로운 지식이 필요하다는 것인데, 새로운 지식의 습득은 학습을 통해서 가능해진다.

(3) 측정과 실험에 대한 열린 마음

새로운 영역에 뛰어들 때는 핵심적인 요인에 대한 정의를 내리고 사전 또는 사후 측정을 하는 것으로 필수적이다. 또한 새로운 것에 호기심을 가지고 여러 가지 시도를 해보는 것을 장려하고, 사소한 실수는 눈감아 주어야 학습이 권장되는 분위기가 형성된다.

(4) 개방적인 분위기

조직 내에 개방적인 분위기가 형성되도록 해서 부서간의 벽이 없어지고 그 결과로 구성원들이 많은 정보를 상호 공유할 수 있어야 한다. 그리고 새로운 시도를 하는 과정에서 문제점이나 실수한 경험이 있다면 서로 나누어서 간접경험을 통한 학습이 가능토록 한다.

(5) 지속적인 교육

조직이 구성원들의 성장과 발전에 필요한 조직 내외의 교육과 훈련에 지속적인 관심을 가지게 되면 구성원들의 조직학습에 대한 욕구도 강해진다.

(6) 다양성

성별, 교육, 출신지역 등 여러 면에서 다양한 배경을 가진 사람들로 구성된 조직은 욕구체계와 동기요인이 다르기 때문에 조직학습에 대한 욕구가 훨씬 강하다. 구성원의 출신배경과 같은 인적요인뿐 아니라 절차나 시스템과 같은 조직운용과 직접적인 관련이 있는 분야에서도 다양성이 확보되면 조직학습에 대한 수요가 많아진다.

(7) 양 방향의 학습

관리자가 구성원에게 지시하는 하향식의 학습에 대한 주도권 행사 또는 구성원들이 관리자에게 요구하는 상향식 주도권 행사가 모두 가능하다.

(8) 리더십

리더들은 조직의 비젼을 형상화하고 실행에 옮기는데 적극적인 노력을 해야 하며, 그 과정에서 필요한 교육과 실행에 직접적으로 그리고 적극적으로 개입해야한다.

(9) 시스템적 사고

조직구성원들은 조직 내의 각 부분들이 어떻게 상호관련되어 있는지 알고 있어야 하며 조직의 시스템적 측면에서 문제가 어떻게 해결되고 조정되는가에 관심을 가져야 한다.

2) 조직학습 저해요인

조직에는 학습을 조장하는 요인도 있지만 학습을 저해하는 요인도 당연히 있다. 조직학습을 저해하는 요인은 대체로 다음과 같은 세 가지와 관련이 있다 (Kreitner & Kinicki , 2001:681).

(1) 분화 (fragmentation)

조직구성원들은 조직의 전체 시스템 보다 분화에 더 많은 관심을 가지고 있다. 조직에 어떤 문제가 생길 경우 조직구성원들은 그 문제를 조직 전체의 차원에서 보는 것이 아니라, 자신이 속해 있는 집단이나 부서의 관점에서만 바라본다는 것이다. 예를 들어서 자동차 회사의 저조한 영업실적이 문제가 될 때 영업부 직원과 생산부 직원 그리고 연구부의 직원들은 조직 전체를 아우르는 시스템적인 사고를 하는 것이 아니라 자신이 속해 있는 부서의 입장에서만 사고하는 경향이 있다는 것이다.

(2) 경쟁 (competition)

조직은 협조(collaboration)보다는 경쟁을 강조하는 경향이 있다. 특히 현대사회를 지배하는 자유주의 경제시스템 하에서는 남을 이겨야 한다는 경쟁심리가 팽배해질 수밖에 없다. 경쟁은 동기부여를 촉진할 수 있기 때문에 조직구성원 사이의 경쟁이 나쁠 것이 없다. 그러나 문제가 되는 것은 협조할 수 있는 상황인데도 협조를 하지 않고 쓸 데 없는 경쟁을 한다는 점이다. 즉 다른 사람과의 협조를 통해서 서로의 약점과 단점을 보완할 수 있는 상황에서도, 협조를 통해서 드러날 수 있는 자신의 약점을 상대가 이용하지 않을까 하는 염려 때문에 협조를 하지 않은 상황이 문제가 된다는 것이다.

(3) 반응적(reactive) 성향

조직구성원들은 선행적(proactive) 또는 창조적으로 생각하기보다는 반응적(reactive)으로 생각하기 쉽다. 즉 사람들은 문제가 생길 줄을 미리 알고 그것에 대비하거나, 창조적으로 새로운 방안을 강구하는 것이 아니라 문제가 발생하면 그때서야 대응책을 강구하는 반응적인 성향이 있다는 것이다. 조직학습이란 조직 내외의 문제에 대해서 학습을 통한 선행적 또는 창조적인 준비를 하는 과정이라고 볼 수 있다면 조직의 반응적 성향은 이러한 조직학습이 추구하는 것과는 정반대가 된다는 것을 알 수 있다.

2. 조직학습의 방법

조직은 학습을 통해서 변화하는 환경에 성공적으로 적응하기 위해서 지식을 습득하고, 정보를 배분, 해석하며 습득한 정보를 보유하려고 한다. 따라서 조직은 지식의 습득, 정보의 배분, 정보의 보유라는 단계를 거치면서 학습을 진행하게 된다 (Schermerhorn et. al., 2000:252).

1) 조직학습의 첫 번째 단계는 지식의 획득(knowledge acquisition) 단계인데, 조직 내 지식획득은 다음과 같은 방법으로 가능하다.

(1) 흉내내기

이것은 다른 조직에서 성공적으로 시행되는 것을 따라 하는 것을 말한다.

유사한 용어에 벤치마킹(benchmarking)이란 말이 있다.

(2) 경험하기

지식을 습득하는 가장 주된 방법 가운데 하나가 실제로 경험하는 것이다. '실제로 해보면서 배운다 (learning by doing)'라는 말이 있듯이 자신이 실제로 해보는 것은 지식습득의 가장 중요한 수단의 하나이다.

(3) 사회적 학습

직접 경험하지 않고도 남이 하는 것을 듣고, 보면서 지식을 습득할 수도 있다. 사회적 학습에서 중요한 것들은 대리학습, 스캐닝(scanning) 또는 둘러보기, 그래프팅(grafting) 등이 있는데, 대리학습은 다른 사람이나 조직의 경험으로부터 뭔가를 배우는 것이고, 스캐닝이란 조직외부를 둘러본 후 쓸모있는 정보들을 조직 내부로 가지고 오는 것이며, 그래프팅이란 조직이 필요로 하는 정보를 가지고 있는 개인 · 집단 · 부서 등을 조직 내로 데리고 들어와서 그들의 지식을 활용하는 방법이다.

2) 조직학습의 두 번째 단계는 정보의 배분과 해석(information distribution and interpretation)이다. 먼저 일단 정보가 수집되면 관리자들은 필요로 하는 구성원들에게 관련 정보를 배분할 메커니즘을 만들어야 한다. 대기업들이 겪는 가장 큰 문제는 적절한 정보를 누가 가지고 있으며 누가 정보를 필요로 하는 사람은 누구인가를 찾아내는 일이다. 이 문제에 대한 부분적인 해결책은 조직 내 관련 인물이나 부서를 연결시켜주는 정보통신 기술 네트웍을 만드는 것이다. 정보의 배분이 끝나면 다음 단계는 정보의 해석 단계이다. 조직 내의 정보는 조직 목표에 대한 집단적인 이해와 관련이 있을 뿐 아니라 수집된 정보(데이터)가 조직의 명시적/묵시적인 목표와 현 상황에서 어떻게 관련되어 있는가에 대한 집단적인 이해이기도 하다. 불행하게도 정보의 다중 해석을 개발하는 과정은 많은 문제 때문에 왜곡되곤 한다.

3) 마지막 단계는 정보의 보존(information retention)이다. 조직은 유용한

정보를 보관, 유지하는데 사용될 수 있는 다양한 메커니즘을 가지고 있는데 사람 · 조직문화 · 조직 내 규정과 절차 · 조직구조 · 정보기술 등이 대표적인 정보보존 메커니즘의 예가 된다.

3. 학습조직으로 전환하기

현대 조직들은 환경의 변화에 효과적으로 대응하기 위해서 지속적인 조직 내 학습을 강조하는 학습조직으로 전환되어야 한다. 특히 급속하게 변화하는 산업이나 업종에 속해 있는 조직일수록 학습조직으로의 전환이 더 필요하다. 다음은 학습조직으로의 전환에 필요한 조건들이다 (Daft & Noe, 2001 : 643-645).

1) 조직구조는 수직적인 구조에서 수평적인 구조로 바꾸어야 한다.

2) 조직구성원의 역할도 판에 박힌 과업을 수행하던 단조로운 역할에서 책임과 권한이 충분하게 부여된 역할로 바뀌어야 한다.

3) 조직의 통제구조도 규정과 규칙을 강조하는 공식적 구조에서 조직구성원 상호간에 정보를 공유할 수 있는 유연한 구조로 바꾸어야 한다.

4) 조직이 추구하는 전략도 상호 갈등관계를 야기할 수 있는 경쟁적 전략에서 협상과 후원을 강조하는 협조적 전략으로 바꿀 것

5) 조직문화도 관료적이고 경직된 문화에서 변화에 신속하게 적응할 수 있는 적응 위주의 조직문화로 바꿀 것

4. 학습조직과 조직문화

많은 성공적인 조직에서는 문화가 고착되어 버려서 주변환경에 효과적으로 대처하지 못하는 위험이 존재한다. 학습조직은 안정적이지만 경직된 문화 대신에 지속적인 실험과 학습 그리고 변화를 지원하는 강하면서도 적응을 잘 하는 문화를 만들어 내려고 한다. 따라서 학습조직의 문화는 일반적

으로 다음과 같은 가치를 받아들인다 (Daft & Noe, 2001:595).

1) 전체가 부분보다 중요하며 부분 사이의 경계는 최소화된다. 학습조직의 구성원들은 전체 시스템과 시스템을 구성하는 것들이 서로 어떻게 맞물려 돌아가는지 그리고 각 부분 사이의 관계 어떤지 잘 알고 있을 뿐 아니라, 구성원은 자신의 행동이 다른 부분과 조직에 어떤 영향을 미치는지도 잘 알고 있다. 이와 같이 전체를 강조하게 되면 조직 내의 장애물은 물론 다른 조직 사이의 장애물도 없어진다.

하위문화가 형성되기도 하겠지만 각 구성원이 가지고 있는 주요 태도와 행동은 조직의 지배적인 문화를 반영하기 마련이며, 사람과 아이디어 및 정보의 자유스러운 교류와 소통은 부서간의 조정행위와 지속적인 학습을 가능하게 할 것이다.

2) 동등(同等)과 평등이 매우 중요한 가치가 된다. 학습조직의 문화는 구성원 사이에 공동체의식과 남에 대한 관심을 매우 중시한다. 따라서 조직은 구성원들이 위험을 감수하면서라도 자신의 잠재력의 최대한 개발을 가능케 하는 관계의 망(web)을 만들어내는 장소가 된다. 따라서 경영자 전용 주차장과 식당 등의 동등과 평등의 가치를 저해하는 것들은 폐쇄되어야 한다.

3) 학습조직의 문화는 위험에 대한 적극적 대처와 변화하고 개선하려는 구성원들의 노력을 장려하고 후원한다. 학습조직의 기본적인 가치관은 현 상황에 대해서 의문을 제기하는 것이다. 기본가정에 대한 끊임없는 질문과 의문제기를 통해서 창조적인 사고와 현 상황에 대한 개선책을 만들어 낼 수 있다. 그리고 새로운 아이디어와 제품 및 창출과정에 대한 새로운 접근방식에 대해서는 항상 적절하게 보상해줄 뿐만 아니라 새로운 것을 시도하다가 실패한 사람들을 비판하지 않고, 오히려 더 배우고 성장하라는 의미에서 보상을 해주기도 한다.

강영걸, 사회심리의 이해, 경북 : 대구대학교 출판부, 2008.
______ , 조직행동론, 경북 : 대구대학교 출판부, 2005.
______ , 현대조직론, 서울 : 한국뉴턴, 2003.
______ , 새조직이론, 서울 : 한국뉴턴, 2001.
강영걸 · 박노율, 조직과 인간행동, 경북 : 대구대학교 출판부, 2007.
김병섭 · 박광국 · 이종열, 현대 조직의 이해, 경북 : 영남대학교 출판부, 1995.
박운성, 현대조직행동, 서울: 박영사,1998
박이문, 과학철학이란 무엇인가, 서울: 민음사, 1993.
신유근, 인간존중의 경영, 서울 : 다산출판사, 1997.
______, 조직행위론, 서울: 다산출판사, 1989.
______, 조직론, 서울: 다산출판사,1994.
오석홍, 조직학의 주요 이론, 서울: 경세원, 1995.
이창원 · 최창현, 새조직론, 서울: 대영문화사, 1997.
이학종, 전략경영, 서울: 박영사, 1997.
이훈구, 사회심리학, 서울: 법문사, 1998.
정철수, 사회심리학, 서울: 법문사, 1997.
최종태, 현대조직론, 서울: 경세원, 1995.
한규석, 사회심리학의 이해, 서울: 학지사, 1995.
홍대식(편저), 사회심리학, 서울: 청암미디어, 1997.
Adams, J., Reduction of Cognitive Dissonance by Seeking Consonant Information, *Journal of Abnormal and Social Psychology*, 65, 1961: 74-78.
________ , Toward an Understanding of Inequity, *Journal of Abnormal and Social Psychology*, 67, 1963: 422-436.
Agor, W., The Logic of Intuition: How Top Executives Make Important Decisions, *Organizational Dynamics*, Winter, 1986: 2-15.
Alderfer, C., An Empirical Test of a New Theory of Human Needs, *Organizational*

Behavior and Human Performance, 4, 1969: 141-175.

___________ , *Existence, Relatedness, Growth*, New York: Free Press, 1972.

Aronson, E. & J. Mills, The Effect of Severity of Initiation on Liking for a Group, Journal of Abnormal and Social Psychology, 159,1959: 177-181.

Asch, S., Studies of Independence and Conformity : A Minority of One against a Unanimous Majority, *Psychological Monographs*, 70, 1956.

Avolio, B. J., S. Kahai, & G. E. Dodge, E-Leadership: Implications for Theory, Research and Practice, *Leadership Quarterly*, Winter 2000: 615-668.

Avolio, B. J. & B. M. Bass, Charisma and Beyond, Working Paper, School of Management, State University of New York, Binghamton, 1985: 14.

Bandura, *Social Learning Theory*, Englewood Cliffs, NJ.: Prentice-Hall, 1977.

Baron, R., Distraction-Conflict Theory: Progress and Problem, in *Advances in Experimental and Social Psychology*, ed. L. Berkowitz, San Francisco: Academic Press, 1985.

Bass, B., From Transactional to Transformational Leadership: Learning to Share the Vision, *Organizational Dynamics*, Winter, 1990:22-32.

Bass, B. M. & B. J. Avolio, Developing Transformational Leadership, *Journal of European Industrial Training*, January 1990:23.

Bateman, T. S. & D. W. Organ, Job Satisfaction and Good Soldier: The Relationship Between Affect and Employee Citizenship, *Academy of Management Journal,* December 1983: 587-595.

Behling, O. & C. Schriesheim ,*Organizational Behavior: Theory, Research, and Application*, New York: Allyn and Bacon, 1976

Bell,C. & R. Zemke, On-Target Feedback, *Training*, 1992:36-44.

Bem, D., Self-Perception Theory, in *Advances in Experimental Social Psychology*, 6, ed. L. Berkowitz, New York: Academic Press, 1972.

Berkeley, R., Performance Review: the Job Nobody Likes, Psychology Today, 1985: 35.

Bitner, M. J., B. H. Booms, & L. A. Mohr, Critical Service Encounters: The Employee Viewpoint, *Journal of Marketing,* October 1994: 95-106.

Blake R. & J. Mouton, The Managerial Grid, Houston, TX: Gulf Publishing, 1985.

__________________________, The New Managerial Grid, Houston, TX: Gulf Publishing, 1978.

Buchanan, B., To Walk An Extra Miles: The Whats, Whens, Whys of Organizational Commitment, *Organizational Dynamics*, Spring 1975: 67-80.

Burns, J., *Leadership*, New York: Harper & Row, 1978.

Cartwright, D. and A. Zander, *Group Dynamics: Research and Theory*, New York, Harper & Row, 1968.

Chelte, A. F., J. Wright, & C. Tausky, Did Job Satisfaction Really Drop During the 1970s? *Monthly Labor Review*, November 1982: 33-36.

Chung, K., *Motivational Theories and Practices*, Columbus, OH: Grid, 1977.

Conger, J. & R. Kanungo, Behavioral Dimensions of Charismatic Leadership, in *Charismatic Leadership*, eds., J. Conger & R. Kanungo, San Francisco: Jossey-Bass, 1988:77.

________________________, Toward a Behavioral Theory of Charismatic Leadership in Organizational Settings, *Academy of Management Review*, October 1987:637-647.

Cottrell, N., D. Wack, G. Sekerak, & R. Rittle, Social Facilitation of Dominant Responses by the Presence of an Audience and the Mere Exposure of Others, *Journal of Personality and Social Psychology*, 9, 1968: 245-250.

Crozier, M., *The Bureaucratic Phenomenon*, Chicago, University of Chicago Press, 1984.

Cummings, L. & D. Schwab, Performance in Organizations, Glenview, IL.: Scott and Foresman, 1973.

Daft, R., Organizational Theory and Design, St. Paul, MN.: West, 1983.

Daft, R. & R. Lengel, Information Richness: A New Approach to Managerial Information Processing and Organization Design, in *Research in Organizational Behavior*, eds., B. Staw & L. Cummings, Greenwich, Ct.:JAI Press, 1984: 191-233.

Daft R. & R. Noe, *Organizational Behavior*, Ft. Worth, TX : Harcourt College Publishers, 2001

Daft, R. & R. Steers, Organizations: A Micro/Macro Approach, Glenview, IL.:Scott and Foresman, 1986.

Dale, E., *Organization*, New York: American Management Association, 1967.

Dalton, D. & W. Tudor, Turnover: A Lucrative Hard Dollar Phenomenon, *Academy of Management Review*, April 1982: 212-220.

Dansreau, F., G. Graen, W. Haga, A Vertical Dyad Linkage Approach to Leadership within Formal Organization: A Longitudinal Investigation of The Role-Making Process, *Organizational Behavior and Human Performance*, 15, 1975, 46-78.

Deci, E., The Effects of Externally Mediated Rewards on Intrinsic Motivation, *Journal of Applied Psychology*, April 1971: 105-115.

_______, *Intrinsic Motivation*, New York: Plenum, 1975.

Duncan, R., What Is the Right Organizational Structure? Decision Tree Analysis Provides Answer, *Organizational Dynamics*, Winter 1979: 59-80.

Fahr, J., P. M. Podsakoff, & D. W. Organ, Accounting for Organizational Citizenship Behavior: Leader Fairness and Task Scope Versus Satisfaction, *Journal of Management,* December 1990: 705-722.

Farrel, D., Exit, Voice, Loyalty, and Neglect as Reponses to Job Dissatisfaction: A Multidimensional Scaling Study, *Academy of Management Journal, December* 1983: 596-606

Fayol, H., General and Industrial Management, London: Pittman, 1949.

Feldman, D., The Development and Enforcement of Group Norms, *Academy of Management Review*, January 1984, 47-53.

Feldman, D. & H. Arnold, *Managing Individual and Group Behavior in Organizations*, New York: McGraw-Hill, 1983: 164.

Festinger, *A Theory of Cognitive Dissonance*, New York: Harper & Row, 1957.

Fiedler, F., *A Theory of Leadership Effectiveness*, New York: McGraw-Hill, 1967.

Fleishman, E., E. Harris, & H. Burtt, Leadership and Supervision in Industry, Columbus, OH: Bureau of Education Research, Ohio State University, 1955.

Fiedler, E., *A Theory of Leadership Effectiveness*, New York, New York: McGraw Hill, 1967.

Filley, A., R. House, & S. Kerr, *Managerial Process and Organizational Behavior*, Glenview, IL.: Scott and Foresman, 1975.

Fischer, R. & W. Ury, Getting to Yes, New York: Houghton-Mifflin, 1981.

French, W. & C. Bell, *Organizational Development*, Englewood Cliffs, NJ.: Prentice Hall, 1973.

French, J. & B. Raven, The Basis of Social Power, in *Studies in Social Power*, ed. D. Cartwright, Ann Arbor, MI: 150-167, 1959.

Galbraith J., *Designing Complex Organizations*, Reading, MA: Addison-Wesley, 1973.

Gardner, W. & M. Martinko, Impression Management in Organizations, *Journal of Management*, June, 1988:332.

Gerard, H. & G. Mathewson, The Effect of Severity of Initiation on Liking for a Group: A Replication, Journal of Experimental Social Psychology, 12, 1966: 278-287.

Gibson, J., J. Ivancevich, & J. Donnelly, Jr., *Organization: Behavior, Structure, Process* (5th ed.), Plano, TX: Business Publications, 1985.

____, *Organization: Behavior, Structure, Process (8th ed.)*, Plano, TX: Business Publications, 1994.

Gordon, J., *Organizational Behavior*, 2nd ed., Boston: Allyn & Bacon, 1987.

Graen. G, F. Dansreau, & T. Minami, Dysfunctional Leadership Style, *Organizational Behavior and Human Performance*, 7, 1972:216-236.

Green, S. & T. Mitchell, Attributional Process of Leaders in Leader-Member Interaction, *Organizational Behavior and Human Performance*, 23, 1979: 429-458.

Greene, C., The Satisfaction-Performance Controversy, *Business Horizons*, October, 1972: 31-41.

Gullet, C., Mechanistic vs. Organic Organizations: What Does the Future Hold?, Personnel Administrator, 20, 1975: 17-19.

Hackman, J. R. & G. R. Oldham, Development of the Job Diagnostic Survey, *Journal of Applied Psychology*, April 1975: 159-170.

Hackman, J., Group Influences on Individuals in *Handbook of Industrial and Organizational Psychology*, ed., M. Dunnette, Chicago: Rand McNally, 1976.

___________, Work Redesign, in *Improving Life at Work: Behavioral Approaches to Organizational Change*, eds., J. Hackman & J. Suttle, Santa Monica, CA.: Goodyear, 1977.

Hackman, J. & G. Oldham, *Work Redesign*, Reading, MA: Addison-Wesley, 1980.

Hall, R., *Organizations : Structures, Processes, and Outcomes (8th ed.)*, Englewood Cliffs, NJ.: Prentice-Hall, 2002.

Hamner, W. & D. Organ, *Organizational Behavior: An Applied Psychological Approach*, Dallas, TX: Business Publications, 1978.

Hersey, P & K. Blanchard, Management of Organizational Behavior: Utilizing Human

Resources, Englewood Cliffs, NJ.: Prentice-Hall, 1977.

Hellriegel, D., J. Slocum, & R. Woodman, *Organizational Behavior* (9th ed.), Cincinnati, OH: South-Western College Publishing, 2001.

Herzberg, F., *Work and the Nature of Man*, Cleveland, OH: World, 1966.

Herzberg, F., B. Mausner, B. Snyderman, *The Motivation to Work*, New York: Wiley, 1959.

House, R., A 1976 Theory of Charismatic Leadership, in *Leadership: The Cutting Edge*, eds., J. Hunt & L. Larson, Carbondale, IL: Southern Illinois University Press,1977.

________, A Path-Goal Theory of Leader Effectiveness, *Administrative Science Quarterly*, 16, 1971: 321-339.

House, R. & T. Mitchell, Path-Goal Theory of Leadership, *Journal of Contemporary Business*, 3, 1974: 81-97,

House, R. & L. Wigdor, Herzberg's Dual Factor Theory of Job Satisfaction and Motivation: A Review of the Evidence and a Criticism, *Personnel Psychology*, 20, 1967: 369-390.

Howell, J. M. & B. J. Avolio, The Ethics of Charismatic Leadership: Submission or Liberation?, *Academy of Management Executive,* May 1992: 43-55.

Huber, G., *Managerial Decision Making*, Glenview, IL: Scott, Foresman, 1980.

Jackson, S. E., Participation in Decision Making as a Strategy for Reducing Job-Related Strain, *Journal of Applied Psychology*, February 1983: 3-19.

Janis, I., *Victims of Groupthink: A Psychological Study of Foreign Policy Decisions of Fiascos*, Boston: Houghton Mifflin, 1973.

Jordan, P., Effects of an Extrinsic Reward on Intrinsic Motivation: A Field Experiment, *Academy of Management Journal*, June, 1986, 405-412.

Katz, D. & R. Kahn, *The Social Psychology of Organization*, New York: Wiley, 1978.

Kelley, H., Attribution Theory in Social Psychology, in *Nebraska Symposium on Motivation,* 15, ed. D. Levine, Lincoln, NE.: University of Nebraska Press, 1967.

Kerr, S. & J. Jermier, Substitute for Leadership: Their Meaning and Measurement, *Organizational Behavior and Human Performance*, 22, 1978: 375-430.

Kimble, C., *Social Psychology: Studying Human Interaction*, Dubuque, Iowa: William C.

Brown, 1990.

Kipnis, D., S. Schmidt, S. Smith, & I. Wilkinson, "Patterns of Managerial Influence: Shotgun Managers, Tacticians, Bystanders," *Organizational Dynamics*, Winter 1984: 58-67)

Kluckholm, F & F. Stodtbeck, *Variations in Value Orientation*, Evanston, IL.: Row, Peterson, 1961.

Knight, K., Matrix Organization: A Review, *Journal of Management Studies*, May 1976: 111-130.

Kotter, J. & L. Schlesinger, Choosing Strategies for Change, *Harvard Business Review*, March-April, 1979:106-114.

Kreitner, R. & A. Kinicki, *Organizational Behavior* (5th ed.), Boston: Irwin McGraw-Hill, 2001.

Kuhnert, K. & P. Lewis, Transactional and Transformational Leadership: A Constructive and Developmental Analysis, *Academy of Management Review*, October 1987, 648-657.

Lawler III, E., New Approaches to Pay Administration, *Personnel*, 1976: 11-23

Lawler III, E., Review Systems, in *Improving Life at Work* , eds. J. Hackman & J. Suttle, Santa Monica, CA: Goodyear Publishing, 1977: 163-226.

Lawrence, P. & J. Lorsch, *Organization and Environment: Managing Differentiation and Integration*, Cambridge, MA: Harvard University Press.

Leana, C., Power Relinquishment versus Power Sharing: Theoretical Clarification and Empirical Comparison of Delegation and Participation, *Journal of Applied Psychology*, 72, 1987, 228-233.

Lewin, K., *Field Theory in Social Science*, New York: Harper & Row, 1951.

Likert, R., *New Patterns of Management,* New York: McGraw Hill, 1961.

_________, *The Human Organization : Its Management and Value*, New York: McGraw Hill, 1967.

Locke, E., Toward A Theory of Task Performance and Incentives, *Organizational Behavior and Human Performance*, 3, 1968: 157-189.

Locke, E. & G. Latham, *Goal Setting: A Motivational Technique That Works?*, Englewood Cliffs, NJ.: Prentice-Hall, 1984.

Locke, E. & D. Schweiger, Participation in Decision Making: One More Look, *Research in Organizational Behavior*, 1, 1979: 265-339.

Macan, T. H., Time Management: Test of a Process Model, *Journal of Applied Psychology*, June 1994: 381-391.

Manz, C. C., Self-Leadership: Toward an Expanded Theory of Self Influence Processes in Organization, *Academy of Management Review*, July 1986: 585-600.

Manz, C. C. & H. P. Sims, Jr., The New Super Leadership: Learning Others to Lead Themselves(San Francisco, Berrett-Koehler, 2001)

Mitchell, T. R., Matching Motivational Strategies with Organizational Contexts, in L. L. Cummings and B. M. Staw(eds) Research in Organizational Behavior, Vol 1997: 60-62.

Marcic, D., Organizational Behavior: Experiences and Cases, St. Paul, MN.: West Publishing, 1992.

Maslow, A., A Theory of Human Motivation, *Psychological Review,* July 1943: 370-396.

__________, *Motivation and Personality*, New York: Harper and Row, 1954.

McClelland, D., *The Achieving Society*, Princeton, NJ.: Van Nostrand, 1961.

____________, *Power: The Inner Experience*, New York: Irvington, 1975.

McClelland, D. & D. Burnham, Power is the Great Motivator, *Harvard Business Review,* March-April, 1976: 100-110.

McGregor, D., *The Human Side of Enterprise*, New York: McGraw-Hill, 1960.

McGuire, W., Cognitive Consistency and Attitude Change, *Journal of Abnormal and Social Psychology*, 64, 1960: 345-353.

Miles, R., *Macro Organizational Behavior*, Glenview, IL: Scott & Foresman, 1980.

Milgram, S., *Obedience to Authority*, New York: Harper and Row, 1974.

Miner, J., *Theories of Organizational Behavior*, Hinsdale, IL: Dryden Press, 1980.

Mintzberg, H. D. Raisinghavi, A. Theoret, The Structure of 'Unstructured' Decision Processes, *Administrative Science Quarterly*, 21, 1976: 246-275.

Mitchell, T, S. Green, & R. Wood, An Attributioinal Model of Leadership and The Poor Performing Subordinate Development and Validation, *Research in Organizational Behavior*, 3, 1981: 265-339.

Moorhead, G. & R. Griffin, *Organizational Behavior*(3rd ed.), Boston, Houghton Mifflin,

1995.

Mowday, R., Equity Theory Predictions of Behavior in Organization, in *Motivation and Work Behavior*, ed. R. Steers & L. Porter, New York: McGraw Hill, 1987.

Nadler, D & M. Tushman, Beyond the Charismatic Leader: Leadership and Organizational Change, *California Management Review*, Winter 1990, 70-97.

Nelson, D. & J. Quick, Organizational Behavior: Foundations, Realities, and Challenge (3rd Ed.), Cincinnati, OH: South-Western College Publishing, 2000.

Northcraft, G. & M. Neale, *Organizational Behavior*, Orlando, FL.: The Dryden Press, 1990.

O'Reilly III, C., Variations in Decision Maker's Use of Information Sources: The Impact of Quality and Accessability of Information, *Academy of Management Journal*, 25, 1982: 756-771.

Ostroff, C., The Relationship Between Satisfaction, Attitude, and Performance: An Organizational Level Analysis, *Journal of Applied Psychology*, December 1992: 963-974.

Pascale, R. & A. Athos, *The Art of Japanese Management*, New York: Penguin Books, 1981.

Peters, T. & R. Waterman, *In Search of Excellence*, New York: Harper & Row, 1982.

Pfeffer, J., *Organizations and Organization Theory*, Boston: Pittman, 1982.

________, Management as Symbolic Action: The Creation and Maintenance of Organizational Paradigm, in *Research in Organizational Behavior*, eds., L. Cummings and B. Staw, Greenwich, Ct.: JAI Press, 1981.

________, Power in Organizations, Marshfield, MA.: Pittman, 1981.

Pinder, C.. Work Motivation, Glenview, IL: Scott, Foresman, 1984.

Pugh, D., D. Hickson, C. Hinings, & C. Turner, Dimensions of Organizational Structure, *Administrative Science Quarterly*, 13, 1968: 321-339.

Porter, L., E. Lawler, & J. Hackman, *Behavior in Organizations*, New York: McGraw Hill, 1975.

Rafferty, A.E. & M. A. Griffin, Dimensions of Transformational Leadership: Conceptual and Empirical Extensions, *Leadership Quarterly*, Vol.15, 2004: 329-354.

Robbins, S. P., *Organizational Behavior,* 11th Edition, Prentice Hall, 2005.

___________, *Organizational Behavior: Concepts, Controversies, Applications* (8th ed.) Englewood Cliffs, NJ.: Prentice-Hall, 1998.

___________, *Managing Organizational Conflict*, Englewood Cliffs, NJ.: Prentice-Hall, 1979.

___________, Conflict Management and Conflict Resolution are not synonymous terms, *California Management Review*, Winter, 71, 1978.

Ross, L., The Intuitive Psychologist and his shortcomings: Distortions in the Attribution Process, *Advances in Experimental Psychology*, 10, ed. L. Berkowitz, New York: Academic Press, 1977.

Rowe, A, J. Boulgarides, & M. McGrath, *Managerial Decision Making*, Modules in Management Series, Chicago: SRA, 1984:18-22

Saal, R. and P. Knight, Industrial and Organizational Psychology, Belmont, CA.: Brooks and Cole, 1988.

Salancik, G & J. Pfeffer, An Examination of Need-Satisfaction Models of Job Attitudes, *Administrative Science Quarterly*, 22, 1977: 427-456

Schein, E., Organizational Socialization and the Profession of Management, *Industrial Management Review*, 1968: 1-16.

Schermerhorn, J., J. Hunt & R. Osborn, *Organizational Behavior* (7th ed.), John Wiley & Sons, 2000.

Schlenker, B., *Impression Management*, Monterey, CA.: Brooks & Cole, 1980.

Schneider, J. & E. Locke, A Critique to Herzberg's Classification System and A Suggested Revision, *Organizational Behavior and Human Performance*, 6, 1971: 441-458.

Schuler, R. S., Definition and Conceptualization of Stress in Organizations, *Organizational Behavior and Human Performance*, April 1980: 189-191.

Scott, W., *Organizations: Rational, Natural, Open Systems*, Englewood Cliffs, NJ.: Prentice-Hall, 1987.

Segerstrom, S. C. & G. E. Miller, Psychological Stress and the Human Immune System: A Meta-Analysis Study of 30 Years of Inquiry, *Psychological Bulletin*, July 2004:601-630.

Shamir, B, R. House, & M. Arthur, The Motivational Effect of Charismatic Leadership: A Self-Concept Theory, *Organization Science*, November 1993: 577-594

Simon, H., *Administrative Behavior*, New York: The Free Press, 1957.

________, *The New Science of Management Decision* , New York: Harper & Row, 1960.

Sonnelfeld, J., *The Hero's Farewell: What Happens When CEO Retire*, New York: Oxford University Press, 1988.

Spector, P. W., Job Satisfaction: Application, Assessment, Causes, and Consequences(Thousand Oaks CA: sage, 1997), p.3.

Spencer, D. G. & R. M. Steers, Performance as a Moderator of the Job Satisfaction-Turnover Relationship, *Journal of Applied Psychology*, August 1981: 511-514.

Staw, B., The Escalation of Commitment to a Course of Action, Academy of Management Review, 1981, 6: 577-587

Staw, B. & J. Ross, Stability in the Midst of Change: A Dispositional Approach to Job Attitudes, *Journal of Applied Psychology*, 70, 1985: 469-480

Steckler, N. & N. Fondas, Building Team Leader Effectiveness: A Diagnostic Tool, *Organizational Dynamics*, Winter 1995: 20.

Steers, R. and J. Black, *Organizational Behavior* (5th ed.), New York: HarperCollins College Publishers, 1994.

Stewart, T., CEOs See Clout Shifting, *Fortune*, November 6, 1989: 66

________, New Ways to Exercise Power, *Fortune*, November 6, 1989:52-64.

Sweeney, P. & D. McFarlin, *Orgnizational Behavior : Solutions for Management*, Boston: McGraw-Hill, 2002.

Taylor M., C. Fisher, D. Ilgen, Individual's Reactions to Performance Feedback in Organizations: A Control Theory Perspective, in *Research in Personnel and Human Resource Management*, eds. K. Rowland and G. Ferris, Vol. 2, Greenwich, Ct.: JAI Press, 1984: 81-124.

Thomas, K., Conflict and Conflict Management, in *Handbook of Industrial and Organizational Psychology*, ed., M. Dunnetts, Santa Monica, CA: Goodyear Publishing, 1976: 900-925.

Thompson, J., *Organization in Action*, New York: McGraw Hill, 1967.

Tuckman, B., Developmental Sequence in Small Group, *Psychological Bulletin*, 63, 1965: 384-399.

Yukl, G., *Leadership in Organization*, Englewood Cliffs, NJ.: Prentice Hall, 1989.

Yukl, G., P. Guinan, & D.Sottolano, Influence Tactics used for Differeent Objectives with Subordinates, Peers, and Superiors, *Group and Organizational Manageemnt*, 20, 1995:275.

Vroom, Y. *Work and Motivation*, New York: Wiley, 1964.

Vroom, Y. & P. Yetton, *Leadership and Decision Making*, Pittsburgh: University of Pittsburgh Press, 1973.

Walker, C. & R. Guest, *The Man on the Assembly Line*, Cambridge, MA.: Harvard University Press, 1952.

Wanous, J., A. E. Reichers & M. J. Hudy, Overall Job Satisfaction: How Good are Single-Item Measure? *Journal of Applied Psychology*, April 1997: 247-252.

Weber, M., *Theory of Social and Economic Organizations*, New York: Free Press, 1947.

Woodward, J., *Industrial Organization: Theory and Practice*, London: Oxford U. Press, 1965.

Zachary, L. J., The Mentor's Guide: Facilitating Effective Learning Relationships(San Francisco: Jossey-Bass, 2000)

Zajonc, R., *Social Facilitation*, *Science*, 149, 1965: 269-274.